나를 찾아가는 길

나를 찾아가는 길

한부처
한생명
한지붕

청운스님 · 지음

불교시대사

머리말

지난 2002년 "길을 묻는 나그네에게"란 글을 충남 금산 대둔산 태고사 도천道川 큰스님과 정안正安 스님의 추천을 받아 불자佛子님들에게 올린 지 8년여의 세월이 지났습니다.

그동안 나름대로 공부를 계속 해오면서 최우선적으로 꼭 집고 넘어야 할 수행修行의 선결요건先訣要件들을 정리整理하여 불자님들이 바른 한 길로 정진하는데 도움이 되리라는 믿음으로 다시 "나를 찾아가는 길"이라는 책을 출판하게 되었습니다.

한 구절이라도 읽으시고 한 소식 접하신 불자님께서는 이 책과 팔만사천 경을 하나로 묶어 한 입에 삼켜 저 넓은 동해바다 한가운데에 토吐해 버리거나 이 책을 불쏘시개로 삼아 일체 경經을 허공虛空에 불태워 버리시고 바른 하나의 정법正法 수행으로 견성성불見性成

佛하시길 기원합니다.

　　일출동천홍日出東天紅이요

　　일락서천홍日落西天紅인데,

　　일구탄동서一口呑東西하니

　　심홍자조삼천心紅自照三千이로다.

경인년庚寅年 칠월七月

청 운 합장

목
차

당신이 바로 아미타 부처입니다

남악회양 선사가 육조혜능 선사를 처음 찾아갔을 때, "무슨 물건이 이렇게 왔느냐?" 하는 질문에 막혔으나 8년만에 도道를 깨치어 다시 찾아뵙고 "설사 한 물건이라 해도 맞지 않습니다.(說似一物即不中설사일물즉부중)"라고 답하였다. 그리고 "가히 닦아서 증득할 수 있는 것인가?"라는 물음에 "닦아 증득함은 없지 않으나 물들지 않습니다.(修證即不無수증즉부무 汚染即不得오염즉부득)"라고 대답하였다.

부처, 참 나眞我라고 하는 그 자리는 본래 한 물건도 없어 깨끗하여 오염 시킬 수 없지만, 현실적으로는 수행과 깨달음의 과정이 필요하다는 것이다.

물들일래야 물들일 수 없는 청정한 이 자리가 바로 심무가애心無

罣碍, 즉 안과 밖이 청정하고, 모든 반연이 벗겨져 깨끗하여 텅 빈 허공과 같이 걸림이 없고 진공묘유眞空妙有한 자리라는 것이다.

육조 스님께서

菩提自性 本來淸淨 보리자성 본래청정
但用此心 直了成佛 단용차심 직료성불
"보리의 자성이 본래 청정하니,
다만 이 마음을 그대로 쓰고 살면 부처를 이룬다."

라고 말씀하셨다.

불법佛法은 관념觀念과 의식意識으로 존재存在하는 것이 아니라 불지佛智를 작용作用하는데 있으며, 수행修行이란 한 순간이라도 부처의 지혜智慧 작용을 끊어지지 않게 하는 것이며, 이것이 바로 진정한 반야바라밀 행인 것이다.

그러나 중생衆生은 불법도佛法道가 따로 있다고 생각하여 구求하고 얻으려고 하나 얻으려는 것이 있다면 밖으로 찾게 되는 것이고, 중생의 심의식心意識은 실체實體가 없어 상相에 집착執着하는 것으로서 실제로는 구할 수 없는 것이다.

올바른 수행修行은 자기 자성自性을 깨달아 나와 남, 나와 우주宇宙가 둘이 아니라는 도리道理를 믿고, 집착執着과 욕망欲望을 버려 지무생사智無生死·체무생사體無生死·용무생사用無生死, 즉 생사가 없는 것을 알고 체달하여 생사가 없는 것을 쓰게 되는 자유자재인이 되어 자기의 원력願力에 의한 자신의 본분사本分事를 실현하게 하는데 있는 것이다.

그렇다면 어떻게 해야 우리가 집착과 욕망으로부터 벗어날 수 있겠는가?

그렇게 하기 위해서는 무주無住, 무념無念이 되어야 한다. 그러나 사람의 본성本性이 세간의 선악善惡, 유무有無, 깨끗하고 더러운 것과 말을 주고받고 속이고, 다툴 때에도 공空한 것으로 여겨서 원수 같은 생각, 해칠 생각 등을 내지 않게 하여 생각 생각에 지나간 일을 일으키지 않아야 하는 것인데, 만약 앞생각과 뒷생각이 끊어지지 않으면 그것은 얽매임이 되는 것이요, 모든 법法이 생각 생각에 머물지 않으면 얽매이고 꺼둘림이 없는 것이다.

또한 현상계現象界의 만상萬象이 실체實體가 없음을 무상이라 하는데, 이것을 꿰뚫어 보면 집착執着이 없어져 머물지 않게 되는 것을 무주無住라 하고 생각하면서 생각이 없고 그 어느 곳에도 머물지 않게 되면 그것이 바로 무념無念인 것이다.

이렇게 모든 집착과 머물러 꺼둘리지 않는 자리가 삼천대천세계 일체 제불諸佛과 상相이 없는 우주의 근본인 진여본심과 하나 되는 자리이기 때문에 바로 그 자리에서 기도·참선·주력 등을 하면 일체 행行이 부처님의 지혜智慧와 합일合一되어 지혜작용智慧作用이 되고 일체 업장業障이 소멸消滅되면서 그대로 부처의 삶인 불행불佛行佛

로 이어져 보리자성菩提自性인 원각圓覺을 이루게 되는 것이다.

또한 서방정토극락세계는 10만억 국토를 지나 시간적으로는 150억 광년이 소요된다 하나, 아미타불은 극락세계의 교주教主일 뿐 아니라 법신法身ㆍ보신補身ㆍ화신化身의 삼세三世 일체불의 본체로서, 그 영원한 생명과 자비를 위주로 할 때는 무량수불無量壽佛이요, 무한한 지혜공덕으로서는 무량광불無量光佛이며, 대자대비로 일체 중생을 구제할 때는 관세음보살이시니 유심정토唯心淨土가 자신의 청정淸淨한 마음자리로서 자성미타自性彌陀라, 아미타불이 바로 자기 자신이기 때문에 현생現生에서 극락세계極樂世界를 이루어 다음 생으로 이어져 스스로 극락왕생을 실현하는 것이다.

그러나 반대로 우리 중생은 어리석어 자기가 본래 부처임을 망각하고 밖으로 구하는 구복求福과 상相 속에서 남을 돕는 보시布施, 즉 작복作福을 하고 있으니 안타까울 뿐이다.

부설거사의 열반송에

木無所見無分別 목무소견무분별

耳聽無聲絶是非 이청무성절시비

分別是非都放下 분별시비도방하

但看心佛自歸依 단간심불자귀의

"눈으로 보는 바 없으니 분별이 없고

귀로 듣는 소리 없으니 시비도 끊어졌네.

분별과 시비 모두 끊어 버리고

다만 내 마음의 부처를 보아 스스로 귀의할 뿐이네."

라고 하였다.

즉 주관主觀과 객관客觀으로 나누어진 현상계現象界에서 무아無我를 체득體得하고 대무심大無心의 경지에 들게 되면 보아도 봄이 없고 들어도 들음이 없는 묘용妙用의 부처 세계가 펼쳐지게 되는 것이다.

바른 신심信心

무착문희無着文喜 선사가 3년여 동안 정성을 다하여 일보일배一步一拜하면서 문수보살文殊菩薩이 계신다는 오대산 금강굴에 당도하였으나 소를 거꾸로 타고 산에서 내려오시는 문수보살을 뵙고도 알아보지 못하였다.

그때 금강굴 입구에서 새끼를 꼬고 있는 한 노인이 있었는데 그 노인이 무착 선사에게 물었다.

"남방의 불법은 어떻게 행합니까?"

"말세 중생이 계행이나 지키고 중노릇합니다."

"절에는 몇 사람이나 모여 삽니까?"

"삼백 명 혹은 오백 명이 모여 삽니다."

무착 선사가 다시 물었다.

"여기 금강굴의 도량은 그 넓이가 얼마나 되며, 어떠한 분들이 살고 있습니까?"

"문수보살이 계신 금강굴의 크기는 동서東西 십만, 남북南北 팔천으로 용사혼잡龍蛇混雜하고 범성교참凡聖交參이라, 용과 뱀이 함께 살고 범부와 성인이 동거하는 곳입니다."

"그럼 문수보살님께서는 이곳에서 무슨 법으로 중생을 교화하고 계십니까?"

"앞에도 셋 셋, 뒤에도 셋 셋이요."

천하제일이라는 아만심我慢心에 가득 찬 무착 선사도 이 화두話頭에는 캄캄한 밤중이었다.

이에 그 노인이 시킨 균제 동자에게 가진 수모를 당하자 진심嗔心이 일어난 무착無着에게 들려준 게송偈頌이다.

面上無嗔供養具 면상무진공양구
口裡無嗔吐妙香 구리무진토묘향
心裡無嗔是眞寶 심리무진시진보
無念無想是眞常 무념무상시진상
"미소 짓는 그 얼굴이 한량없는 공양거리요
부드러운 말 한마디가 미묘한 향이로다.
자비롭고 착한 마음이 가장 귀한 보배이며
분별시비 마저 없어지면 그게 바로 부처로다."

이와 같이 우리가 수행修行의 목적인 부처를 이루기 위해서는 아상我相과 탐貪·진嗔·치痴 삼독심三毒心에서 완전하게 벗어나야 하고, 또한 "멸아만시하심滅我慢是下心 즉성불即性佛이라." 수도승이든 제가 불자이든 먼저 자기의 아만심我慢心을 버리고 철저히 하심下心이 되어야만 성불이 가능한 것이다.

또한 참다운 기도란 내 마음 안에 있는 부처를 드러내는 일이며, 내 자성自性이 진불임을 믿고, 크게는 업장 소멸을 통하여 무명無明을 타파하여 생사고락生死苦樂에서 벗어나 대자유인大自由人이 되고자 하는 것이고, 작게는 생활 속에서 일어나는 갖가지 고苦를 망아忘我인 내가 부처님께 빌어서 해결하는 것이 아니고, 참 나인 내 진불眞佛이 이끌어 준다고 믿고 실제로 생각 이전의 진여자성眞如自性의 근본 자리에서 "관세음보살"을 할 때 이근원통耳根圓通, 즉 귀를 통하여 다시 근본 자리에 이어지는 참기도가 되는 길이며, 바른 신심이 되는 것이다.

만공滿空 스님이 금강산 비로봉에서 지으신 선시禪詩가 있다.

短笻不休客 단공불휘객
正當普德窟 정당보덕굴
賓主不相見 빈주불상견
親如水水聲 친여수수성
"짧은 지팡이 쉬지 않는 객이

정히 보덕굴에 당도하니

손님과 주인이 서로 볼 수는 없는데

친하기가 물과 물소리 같도다."

　관세음보살 도량인 보덕굴에 찾아간 중생과 도량 주인인 관세음보살, 이 두 개체個體가 친하기가 물과 물소리 같다 하니 결국은 하나라는 뜻이다. 물이 없이 물소리가 있을 수 없고, 물소리가 나는 곳에 물이 없을 수 없는 것이다. 모든 중생이 불성佛性을 가지고 있으므로 그것을 바로 알고 믿음을 굳게 가진 사람은 관음 도량과 금강굴이 모두 다 내 자성自性 안에 있는 것이다.

　佛說大地衆生 불설대지중생　皆有如來智慧德相 개유여래지혜덕상

　只因妄想執着 지인망상집착　不能證得 불능증득

　又設了種種法門 우설료종종법문　來對治衆生的心病 내대치중생적심병

　我們就當信佛語不虛 아문취당신불어불허　信衆生皆可成佛 신중생개가성불

　但我們爲 단아문위　甚摩不成 심마불성　佛尼 불니

　皆因 개인　未有如法下死功夫何 미유여법하사공부하

　"부처님께서는 모든 중생이 다 여래의 지혜와 덕상을 갖추고

있지만

다만 망령된 생각과 집착으로 말미암아 능히 깨달음을 증득

하지 못한다고 하셨고,

또 갖가지 법문은 중생의 마음 병을 대치對治하고자 함이라고

하셨다.

우리들은 마땅히 부처님의 말씀이 헛되지 않다고 믿으며 모

든 중생이 다 부처를 이룬다고 믿어야 한다.

그렇다면 우리들이 어째서 성불하지 못했는가?

그것은 다 법답게 공부하지 못했기 때문이다."

譬呂我們信知 비여아문신지 黃豆可造豆腐 황두가조두부

爾不去造他 이불거조타 黃豆不會自己變成 황두불회자기변성

豆腐卽使造了 두부즉사조료

石膏放不如法 석고방불여법 豆腐也會造不成 두부야회조불성

若能如法磨煮去渣 약능여법마자거사

放適量的石膏 방적량적석고 決定可成豆腐 결정가성두부

辨道亦復如是 변도역부역시 不用功固然不可以成佛 불용

공고연불가이성불

用功不如法 용공불여법 佛也是不能成 불야시불능성

若能如法修行 약능여법수행 不退不悔 불퇴불회 決定可以

成佛 결정가이성불

故我們應當深信 고아문응당심신 自己本來是佛 자기본래시불
更應深信依法修行 갱응심신의법수행 決定成佛 결정성불
"비유하면 콩으로 두부를 만들지만 만약 그대가 만들지 않는
다면 콩 스스로가 두부로 변할 수는 없으므로 곧 스스로가 만
들어야 한다.
만약 간수를 여법히 넣지 않으면 두부 또한 만들어지지 않는
다.
만약 법답게 갈고 끓이고, 적당하게 간수를 치면 반드시 두부
豆腐가 되는 것이다.
도를 이루는 것도 또한 이와 같아서 법답게 노력하지 않으면
부처를 이룰 수 없다.
만약 여법히 수행하고 물러나지도 잘못하지도 않으면 결정코
부처를 이룰 것이다."

所謂信心者 소위신심자 第一信我此心 제일신아차심
本來是佛 본래시불 與十方三世諸佛衆生無異 여시방삼세
제불중생무이
第二信釋迦牟尼佛說的法 제이신석가모니불설적법
法法都可以了生死 成佛道 법법도가이료생사 성불도
所謂長永心者 소위장영심자 就是選定一法 취시선정일법
終生行之 종생행지 乃至來生又來生 내지래생우래생

都如此行持參禪的總是如此參去 도여차행지참선적총시여차삼거

念佛的總是如此念去 염불적총시여차염거

持呪的總是如此持去 지주적총시여차지거

學教的總是 학교적총시 從聞思修行去 종문사수행거

"이른바 신심이란 것은 첫째 나의 마음心이 본래 부처이며 시방세계의 모든 부처와 중생이 더불어 다르지 않음을 믿는 것이요, 둘째 석가모니 부처님이 설하신 법은 그 모든 법이 생사를 요달하여 부처를 이루게 하는 도道임을 믿는 것이다.

또한 영원한 마음인 장영심長永心이란 어떤 한 법을 선정選定해서 생을 마칠 때까지 수행하되 내생과 후 내생에 이르도록 이와 같이 수행함을 말한다.

참선을 이와 같이 참구하며, 염불도 이와 같이 염불하며, 주문도 이와 같이 주문하며, 교학도 이와 같이 들어서 생각하고 수행한다고 하였다."

若欲修行先須頓悟 약욕수행선수돈오

守本眞心 수본진심

迷心修道但助無明 미심수도단조무명

病盡藥除還是本人 병진약제환시본인

"만약 수행을 하고자 할진대 모름지기 돈오가 우선이니

본래 참마음을 지켜야 한다.

미혹되게 마음을 닦는 것은 단지 무명을 따를 뿐이다.

병과 약이 다할 때에 이르러 이를 참 사람이라 한다."

이와 같이 돈오頓悟가 수행修行에 있어서 가장 첫 번째로 증득해야 하는 요건要件이다.

돈오점수頓悟漸修에 대하여 보조普照 선사가 《수심결修心訣》에서 말한 것은 자신의 마음에 대한 확신과 그 실현을 이상으로 하는 수도에 있어서 가장 기본적인 틀은 깨달음과 닦음이라는 것이다.

"중생들이 어리석어 사대四大를 몸이라 하고, 망상妄想을 마음이라 하여 자기 성품性品이 참 법신法身인줄 모르고 자기의 신령스런 지혜가 진짜 부처인 줄을 모르고 있다.

그래서 마음 밖에서 부처를 찾아 이리저리 헤매다가 선지식善知識의 가르침을 받고 바른 길에 들어 한 생각에 문득 마음의 빛을 돌이켜 자기의 본성本性을 보게 되는데 번뇌 없는 지혜가 본래부터 갖추어져 모든 부처와 조금도 다르지 않음을 아는 것을 돈오頓悟라 한다.

그러므로 돈오란 심즉시불心則是佛, 즉 마음이 곧 부처라는 자기 존재에 대한 확신이다.

그 다음에 본성本性이 부처와 다름이 없음을 깨닫기는 했지만,

끝없이 익혀온 버릇, 즉 습기習氣를 갑자기 없애기는 어렵다. 그래서 깨달음을 의지하여 닦고 차츰 익혀서 공功이 이루어지고 성인聖人의 모태母胎 기르기를 오래하면 성聖을 이루게 되는 이것을 점수漸修라 한다."

올바른 수도修道는 먼저 마음의 바탕을 분명히 깨치고 나서, 그 깨침에 의지해 점점 닦아 나가야 한다는 주장이다.

마음心

마음心은 여래심如來心인 무위법無爲法과 중생심衆生心인 유위법有爲法이 있다.

불교에서 법法이란,

①부처님의 가르침, 즉 불교의 교리敎理를 말하고,

②석가모니 부처님께서 깨달으신 세계의 본질本質을 의미하고,

③우리의 의식意識이 주체가 되어 어떤 것을 인식할 때 그 대상이 되는 것을 말한다.

예를 들면 우리가 어린 시절의 어떤 추억을 회상할 때 그 추억이란 우리의 의식대상이라는 점에서 법이라 부른다.

유위법有爲法이라 함은 인식현상으로써의 제법製法으로 여기서 제법이란 인식주관에 의해서 취해진 과果로써 인식현상을 말한다.

이것은 분별이라는 망념에 의해 실제하지 않는 형상形象을 조작하여 부과하는 회론의 과정을 거쳐서 인식주관 속에서 형성된 것이다.

이 회론이라는 대상 정립 작용에 의해 인식주관에 나타나는 인식현상을 유위법이라 한다. 또한 이것을 세속제의 인식현상이라고도 한다.

무위법無爲法은 모든 번뇌와 망상이라고 하는 분별적 사유가 끊어진 뒤에 분별하지 않으면서도 여실히 명백하게 인식주관에 드러나는 인식현상이다.

무위無爲는 중생같이 회론回論을 일으키는 행行의 작용이 없는 것이다. 또한 이것을 승의제 인식현상이라고도 한다.

1. 여래심 如來心

이 마음은 천지天地가 생기기 전에도 항상 있었고, 천지가 다 없어진 후에도 항상 있다.

이것은 털끝만치도 변동 없이 항상 있는 것이다.

그러므로 시방의 모든 부처님이 일시에 나타나서 억천만겁이 다 하도록 설명하려 해도 이를 털끝만치도 설명하지 못하는 것이다.

자기가 깨쳐서 쓸 따름이요, 남에게 설명도 못하고 전할 수도 없다.

이것을 깨친 사람은 부처라고 하고 원각圓覺이라고 하며, 생사고 生死苦를 영원히 벗어나서 미래가 다하도록 자유자재한 것이다.

아무리 작은 중생이라도 다 이것을 가지고 있다.

깨친 부처나 깨치지 못한 조그마한 벌레까지도 똑같이 가지고 있다. 다른 것은 이 물건을 깨쳤느냐 못 깨쳤느냐에 있다.

우리 인간이 어느 때 어느 곳에서도 자유가 없고 무엇 하나 임의로 되지 않는 것은 망아妄我가 주인主人이 되고 진아眞我가 종從이 되어 살아가고 있기 때문이다.

망아란 소생所生, 즉 생멸生滅이 있는 나我인데 현재 우리가 쓰고 있는 마음은 사심邪心이요, 진아는 정심正心이다.

이 정심은 존망存妄·시종始終도 없고, 형상形相도 없지만 조금도 부족함이 없는 참나眞我이다.

즉 우리 몸身 안에 중생심衆生心과 여래심如來心의 자성自性이 함께 들어 있어 어느 마음을 내느냐에 따라 중생이 되기도 하고 부처가 되기도 한다는 뜻이다.

우리의 마음이란, 일체의 우주를 형성하는 근본根本임과 동시에 우리 중생의 생명生命을 이루는 진여眞如 본성本性인 것이다.

또한 부처님께서 성도成道하신 후 팔만사천 법法을 설하신 깊은 뜻도 이 마음을 밝히시기 위한 것이며, 그래서 "심즉시불心卽是佛, 마음이 곧 부처"라 하였다.

더 구체적으로 설명하자면, 이 팔만사천경八萬四天經을 요약한 것이 《금강반야바라밀경金剛般若波羅密經》이며, 이 경을 다시 요약한 것이 《마하반야바라밀다심경摩訶般若波羅蜜多心經》이고, 이 경을 요약한 것이 나무아미타불南無阿彌陀佛이다. 또 이를 일자一字로 줄인 것이 마음 심心인 것이다.

이렇게 부처님께서는 우리 중생의 근기根機에 따라 어떻게 해서든지 이 마음을 정확히 알려 깨침을 이루게 하기 위하여 49년 동안 팔만사천 법문을 설하신 것이다.

이 마음은 심개무변心開無邊이라, 크기로는 한계限界가 없어 우주에 있는 한량없는 삼라만상森羅萬象은 말할 것도 없고 눈에 보이지 않는 온갖 에너지까지도 다 포함하고 있다.

현상세계 그 자체自體는 이 우주공간宇宙空間 안에 있지만 이 공간이 아무리 광대廣大하여도 이 마음을 벗어나지 못하는 것이며, 작기로는 《화엄경》에 우리의 몸을 소우주小宇宙라 하는데 일모공중함시방一毛空中含十方이라, 사람 몸의 터럭 한 가닥 가운데 온 우주가 다 담겨져 있다는 뜻이다.

이렇듯 불성佛性, 즉 우리의 마음은 시공時空을 초월한 세계, 불교 용어로 말하면 연기반야실상緣起般若實相으로 표현한다.

부처님의 덕성德性에 비유하면, 청정법신비로자나불淸淨法身毘盧遮那佛 · 원만보신노사나불圓滿報身盧舍那佛 · 천백억화신석가모니불千百億化身釋迦牟尼佛이며, 또 체體 · 상相 · 용用으로 말하기도 한다.

다시 말해서 법신法身은 마음의 성性, 보신報身은 마음의 상相, 화신化身은 마음의 작용作用을 말한다.

부처님께서는 체體를 적멸寂滅하고 청정淸淨하며 진실眞實하고 영원永遠한 것이고, 상相을 평등平等하고 바르고 착하고 구족具足된 것이고, 또 용用을 원융圓融하고 밝고 아름답고 평화로운 것이라 하였다.

마음心을 알기 쉽게 요약하면,

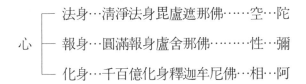

```
        ┌─ 法身…淸淨法身毘盧遮那佛……空…陀
    心 ─┤─ 報身…圓滿報身盧舍那佛………性…彌
        └─ 化身…千百億化身釋迦牟尼佛…相…阿
```

```
        ┌─ 如來 · 菩提 · 極樂
        ├─ 眞如 · 道 · 一物
    佛 ─┼─ 佛性 · 大我 · 中道
        ├─ 法性 · 眞我 · 覺
        └─ 實相 · 涅槃 · 主人公
```

이라고도 한다.

구산 스님의 법문 중 다음과 같은 게송偈頌이 있다.

一物長靈妙用多 일물장령묘용다

本無生死還知麼 본무생사환지마
逈脫根塵全體露 형탈근진전체로
山河大地是吾家 산하대지시오가
"한 물건이 신령스러워 묘용 또한 많으니
본래부터 생사가 없는 줄 알겠는가.
근진을 벗어나서 전체가 들어나니
산하와 대지가 그대로가 내 집일세."

一物長靈妙用多 일물장령묘용다
"한 물건이 신령스러워 묘용 또한 많으니"
이 한 글귀에 팔만대장경의 일체 묘의妙議가 다 들어 있다.
불법佛法이란 무엇인가?
그것은 깨닫는 법이다.
그것은 깨우치는 법이다.
그렇다면 무엇을 깨우치는 법이란 말인가?
주장자로 법상을 내리치고 말했다.
이 주장자 소리가 무엇인가를 분명히 깨치는 법이다.
삼세의 모든 부처님과 조사祖師들도 모두 이 주장자 소리에서 나
왔다.
바로 이 주장자 소리를 듣는 그 한 물건이 무엇인가?
이 한 물건을 구태여 이름을 붙이자면 '마음'이라 할 수 있다.

마음을 깨달은 자는 나고 죽음을 헌 옷을 벗고 새 옷으로 갈아입는 것과 같이 할 수 있다.

그러나 제 마음을 알지 못하면 이 육체가 나의 전부인 줄 알고 집착하는 것이다. 그리하여 꿈을 꾸고 있는 것이다.

本無生死還知麼 본무생사환지마

"본래부터 생사가 없는 줄 알겠는가."

본래 나고 죽음이 없는 이 도리를 아는가? 모르는가?

'한 물건一物' 이것만 알면 그만인데 이것을 '본래의 자아自我'라 한다.

자아만 알면 완전한 인격자人格者가 되는 것이며, 깨달으면 그만인 것이다.

무슨 종교를 믿든, 무슨 일을 하든지 그것은 하등의 차별이 없는 것이다.

'깨닫는다' 는 것을 '안다' 는 것과 혼동하는 사람이 있다.

'안다', 즉 지知는 식견識見이다.

그것은 사리분별이다.

그러나 '깨닫는다' 는 것은 체험이다.

사리분별이 끊어진 직관의 체험이며, 깨달으면 바로 이 자리에서 역대조사歷代祖師와 모든 부처님을 다 만나볼 수 있는 것이다.

逈脫根塵全體露 형탈근진전체로

"이 세상 온갖 티끌 멀리 벗어나 역력하게 드러남이여"

무엇이 드러났는가?

주장자로 법상을 내리치고 말씀하셨다.

이렇게 보는 바로 이 물건이 뚜렷하게 드러났다는 말이다.

山河大地是吾家 산하대지시오가

"산하대지가 모두 내 몸이여."

여기에서 일체 법문이 다 끝났도다.

대각大覺을 성취하신 부처님께서는 일체중생이 다 불성이 있다고 말씀을 하셨는데 일체중생이라는 것은 비단 우리 사람만을 가리켜서 일체중생이라고 하는 것이 아니라 크게는 저 축생, 말하자면 소·개·돼지·호랑이·토끼라든지 작게는 심지어 개미·벌레·곤충에 이르기까지 다 불성, 즉 부처의 성품이 있다고 하셨다.

여러분들이 혹 부처를 잘 모르시는 분들은 부처라고 하면 절에 가서 법당에 봉안해 놓은 불상만이 부처인줄 아시는 분도 계실지 모르지만 여러분이 모두 다 산부처이다.

알겠는가!

2. 중생심衆生心

우리 마음의 변화과정을 살펴보면, 제6식인 표면의식, 제7식인 말라야식(잠재의식), 제8식인 아뢰야식은 무의식의 상태라 하는데, 문틈으로 들어오는 햇살 속에 세세한 먼지가 보이듯이 이 세 가지 미세한 작용이 제8아뢰야식에서 일어나고, 망념妄念, 즉 무명업상無明業相이라는 근본무명根本無明인 주관적인 인식과 경계상境界相인 객관적인 인식대상이 작용을 일으켜 무의식에서 출발하여 잠재의식, 표면의식으로 표출되어 집착심執着心을 강하게 일으키면서 분별分別과 착각錯覺 속에 살아가는 것이 우리 중생의 삶이다. 그러나 깨친 도인道人은 이것이 무아無我, 공空으로 주객主客이 없는 작용作用이 일어나는데 개인의 욕망이나 이기심이 아닌 전체가 잘 살 수 있는 길道을 열어 주는 지혜작용智慧作用을 하게 되는 것이다.

부처님께서는《금강경金剛經》제삼십이第三十二〈응화비진분應化悲眞分〉에서

> 一切有爲法 如夢幻泡影 일체유위법 여몽환포영
> 如露亦如電 應作如是觀 여로역여전 응작여시관
> "일체 함이 있는 법은 꿈과 같고 환상과 같고 물거품과 같고 그림자 같으며, 이슬과 같고 또한 번개와도 같으니 응당 이렇게 관할지니라."

고 하셨다.

위의 말씀을 조금 더 구체적으로 살펴보면 다음과 같다.

첫 번째, 부처님은 우리 마음을 별처럼 생각하라고 하셨다.

우리의 마음은 오직 무의식 속에서만 존재하기 때문에 의식의 태양이 떠오르면 마음은 사라진다. 마치 아침 해가 떠오르면 그 수많은 밤의 별들이 사라지는 것과 같다.

두 번째, 부처님은 우리 마음을 하나의 등불로 여기라고 하셨다.

등불은 기름이 있어야 타오르기 때문이다. 우리 마음 또한 욕망이라는 기름을 사용한다. 욕망은 지금과 다른 또 무엇인가를 추구하게 되고 언제나 실재實在하는 것들에 대하여 자신의 생각이나 개인적인 꿈을 부과하기 때문에 여여如如한 그대로 만족하지 못한다.

우리의 생각은 욕망의 부산물이기 때문에 그 욕망이 마음의 연료역할을 하고 있다. 이 욕망이 한 번 발동하면 모든 수단 방법을 동원하여 필사적으로 이를 성취하려 하기 때문에 이에 따른 실패의 허탈감과 좌절감이 삶 속에서 길게 이어지게 되며, 설사 성취했다고 하더라도 또 다른 욕망이 대기하고 있게 되는 것이다.

그래서 부처님께서는 욕망을 등불의 기름과 같다고 하셨다. 기름이 없으면 불꽃은 스스로 자취를 감추게 되기 때문이다.

세 번째, 부처님께서는 마음은 마술상자와 같다고 하셨다.

우리의 마음은 지속적으로 허깨비와 환상을 만들어내고 있다. 이것들은 아무런 실체가 없는 것이다.

예를 들면 여자들은 남편을 웅장하고 푸르른 높은 산으로 생각하고 있었다. 그런데 세월은 그 남편을 두더지가 쌓아놓은 흙무더기처럼 만들어 나중에는 속았다고 절망하게 된다. 이렇듯 우리의 마음은 허구의 세계를 만들어내는 마술상자와도 같은 것이다. 우리의 허구의 마음이 떨어져 나가면 그때에 우리는 진여眞如 안에 살게 되는 것이다.

네 번째, 부처님께서는 마음을 이슬방울로 생각하라고 하셨다.

밤새 새하얀 이슬이 풀잎 위에 방울이 되어 영롱한 은빛을 비춰주지만 아침 햇살에 그만 순식간에 사라진다.

이 마음은 영원치 않은 것이다. 그저 순간 순간적인 현상일 뿐인데 우리는 마음을 다이아몬드와 같은 언제나 변치 않는 한번 끼워 보고 숨겨놓는 보석으로 여긴다.

우리는 어떤 순간 깊은 사랑을 느끼지만 어느 순간 증오심으로 돌변한다. 또 어느 순간 행복하다가 다음 순간 깊은 불행 속에 빠지게 된다. 이렇듯 마음에 집착하다보면 혼란만 가중된다.

여기에서 깨어나면 우리는 고요한 침묵 속에 머무를 수 있게 된다.

다섯 번째, 부처님께서는 마음을 물거품과 같다고 하셨다.

우리가 평생을 살아가면서 체험했던 모든 것들은 그때그때 물거품처럼 순간순간 사라져 버린다. 미세한 물방울이 모여서 이루어진 일곱 색깔의 아름다운 무지개도 우리의 손끝에 닿을 듯하지만,

서서히 흔적도 없이 사라져 버린다. 우리의 상상 속에서 잠시 머물다 가버리고 만다. 아름다움도 즐거움도, 성공도 실패도, 부자도 빈곤도……. 그러나 우리는 끊임없이 이 물거품에 매달려 끌려 다니고 있을 뿐이다.

여섯 번째, 부처님께서는 마음을 꿈과 같고 번갯불과 같다고 하셨다.

우리의 마음활동은 지극히 주관적인 상상에 불과하다. 우리 자신이 만들어내어 감독과 배우가 되고 관객이 된다. 모두가 개인적인 꿈이고 상상일 뿐 세상과는 아무 상관도 없는 것이다. 번갯불과 같이 잠시일 뿐인데 우리는 거기에 끈질기게 달라붙는다.

만일 서로가 사랑에 빠졌을 때 그 사랑이 영원히 지속되기를 바라는 희망의 욕구가 전부이지만 그것도 번갯불과 같이 왔다가 사라져 버린다.

그래서 부처님께서는 "그 사랑에 집착하지 말고 그냥 지켜보아라. 그리고 깨어 있어라. 그러면 그것이 영원한 것이다."라고 말씀하셨다.

일곱 번째, 부처님께서는 마음을 구름처럼 여기라고 하셨다.

마음은 의식의 주변에 일어나는 구름과 같은 것이다.

우리의 의식이 하늘이라면 마음은 그 하늘에 떠다니는 구름이다. 때로는 분노의 구름이 일고, 때로는 사랑의 구름이, 때로는 탐욕의 구름이 일지만 이 구름들은 모두 같은 에너지의 여러 형태에 불과하다.

낙타처럼 보이다가 코끼리처럼 보이면서 바람 부는 대로 순간순간 변화하면서 흘러갈 따름이다.

구름은 변화하기 위해 하늘에 떠있는 것인데 우리는 우리가 추구하는 형태가 거기에 항상 머물러 있기를 바라면서 그 변화에 실망한다.

그러나 변하지 않는 존재存在가 있다. 그 실체가 진리眞理이고 진여眞如인 야타부타YATHA BUTAH이다.

그곳이 우리가 그토록 사무치게 그리워하고 가야 하는 곳, 구름 걷힌 푸른 하늘인 반야공성般若空性, 무위법無爲法인 반야바라밀般若波羅密이다.

그러나 우리 중생은 심층수深層水인 수맥水脈에서 나오는 청정수淸淨水를 찾지 못하고 그 위층에 흐르는 오염된 건수乾水를 먹고 살고 있다.

이 건수는 장마가 나면 넘치고 가물면 말라서 나오지 않아 언제나 갈증을 느끼게 하는 탐욕에 찌든 우리 마음과 같은 것이다.

이렇듯 마음은 조건화된 현상이기 때문에 원인을 파고 들어가 혼돈과 착각의 실체인 그 뿌리를 뽑아버려야 한다.

그런데 나무뿌리가 땅속에 숨어있듯이 우리 마음의 뿌리도 마찬가지다.

방기원防其源이라, 모든 것은 그 문제의 근본을 다스려야 한다.

예로 우리가 일상생활 속에서 자주 겪고 있는 두통의 실체를 살펴보면 자기 주관적인 사고나 판단에 따라 상대에 대한 이해타산적인 불만족으로 인하여 심한 분노나 화禍가 그 원인이 되고, 그 밑에는 욕망에 대한 집착執着에 꺼둘리는 자아自我인 에고EGO가 뿌리내리고 있기 때문에 때로는 강한 스트레스STRESS로 이어져 우울증이나 각종 질병을 가져오게 된다.

그래서 이 두통을 치유하기 위해서는 두통에서부터 시작하여 뜬구름 같은 욕심慾心이 자리 잡고 있는 뿌리를 파고들어가 하나하나 관조觀照하여 지켜보면서 언제나 깨어있음에 집중하는 마음챙김이 필요한 것이다.

역유수작권권전수 亦猶手作拳拳全手

"부처는 펼친 손, 도는 주먹"이라 하여 손바닥 하나에서 진리를 나타내 보인 마조는 같은 말로 같은 방법으로 또 하나의 제자를 깨닫게 한다.

일찍이 홍주 땅의 마조 대사가 선문의 제일인자라는 소문을 들은 분주화상汾州和尙은 기꺼이 먼 길을 찾아가 마조를 친견하였다.

육척장신인 분주의 풍채는 마치 태산이 서 있는 것처럼 당당하였다. 분주를 본 마조는 그가 법기임을 알아차리고 다음과 같이 말하였다.

"불당佛堂은 당당한데 그 안에 부처가 없군."

분주가 예배하고 말하였다.

"삼승三乘의 가르침은 거의 다 배웠습니다. 그러나 대사님의 심즉시불心則是佛, 마음이 곧 부처라는 말은 전부터 들어와 알고는 있습니다만, 아직은 그것에 대해 아는 것이 아무 것도 없습니다.

바라옵건대 부디 저에게 그 도리를 말씀하여 주십시오."

이에 마조가 대답하였다.

"모르는 마음이 바로 그것이 부처이다. 그 이외에 특별한 것은 아무 것도 없다. 모르면 미혹이지만 알면 곧 깨친 것이다. 미혹하면 중생이고 깨치면 바로 부처이다. 그러므로 중생을 떠나 따로 부처가 있는 것은 아니다. 마치 손을 쥐면 주먹이 되지만 이를 펴면 다시 손이 되는 '역유수작권권전수亦猶手作拳拳全手'와 같은 것이다."

마조의 이 말에 분주는 혼연히 깨달았다.

그는 눈물을 펑펑 쏟으며 마조에게 말하였다.

"지금까지 저는 불도란 까마득히 먼 곳에 있어서 끊임없이 정진하고, 정진에 정진을 하여야만 비로소 얻을 수 있는 것으로만 생각하고 있었습니다. 그러나 이제 분명히 깨달았습니다. 법신法身 그대로가 본래부터 나 자신 안에 갖추어져 있다는 사실과 일체의 모든 것은 마음으로부터 생겨나 오직 그 이름만 있을 뿐 실체는 없다는 사실을……."

이에 마조는 유명한 대답을 하였다.

"그렇다. 그렇고말고. 마음의 본성은 불생불멸이며 일체의 모든 것은 원래부터 공적空寂할 뿐이다. 그러므로 경전에 이르기를 모든 것은 처음부터 늘 열반에 든 모습을 하고 있다."

그리고 "궁극에 이르는 곳은 공적의 집"이라고 하였다.

옛날 봉은사에서 있었던 스님들의 참선參禪 과거시험에 "본래청정本來淸淨한데 홀생무명忽生無明이라.", 즉 "본래청정한데 왜 무량업장이 생기기 시작했느냐?"라는 문제가 있었다.

그 답으로 서산대사가 "본래청정본本來淸淨本이라." 하시고 장원급제하셨다.

이는 우리가 다만 깨닫지 못해서 그렇지 "우리가 다 본래 부처다."라는 부처님 말씀을 다시 한 번 확인한 것이다.

우리가 마음이 곧 부처라는 것을 한 치의 의심 없이 확실히 믿어야만 하는데, 마음이 무엇인가를 모르고서는 한발자국도 앞으로 나갈 수 없는 것이다.

역유수작권권전수亦猶手作拳拳全手

삼처전심 三處傳心

염화시중 拈華示衆의 미소 微笑

부처님께서 49년간 팔만사천의 법문을 하시다가 열반에 드실 즈음, 하루는 법을 설하시기 위하여 좌정해 계시는데, 제석천왕이 부처님께 우담바라 꽃을 천상에서 날리시니 부처님께서 그 중에서 꽃 한 송이를 들어 대중에게 보이시자 그것을 보고 가섭존자가 빙긋이 웃자 이에 부처님께서는

　　　吾有正法眼障 오유정법안장
　　　涅槃妙心 열반묘심
　　　實相無相 실상무상

微妙法門 미묘법문

不立文字 불립문자

敎外別傳 교외별전

咐囑摩訶迦葉 부촉마하가섭

이라 하셨다.

즉 나에게 있는 진심眞心은 모든 정법正法을 알고 바로 아는 눈을 간직하고 있는 정법안장이고, 진심眞心은 모든 번뇌의 불이 완전히 꺼진 열반의 모든 마음이고, 진심眞心의 진실한 모습은 모양이 없는 실상무상이고, 진심眞心에는 미묘한 법문이 모두 갖추어져 있으나 진심眞心은 문자로서 설명할 수 있는 것이 아니므로 말씀인 교를 떠나 따로 진심을 전하셨기에, 불립문자不立文字 교외별전敎外別傳이라 하신 것이다.

그래서 부처님께서 꽃을 들자 가섭迦葉이 미소를 지으므로 주고받은 진심을 이심전심以心傳心이라 한다.

다자탑전반분좌多子搭前半分座

하루는 모든 대중이 법문을 듣기 위해 좌정하고 있는데 부처님께서 가섭존자가 맨 나중에 들어오는 것을 보시고 자리를 반쯤 비켜 앉으시니 가섭존자가 그 뜻을 알고 올라가서 그 자리에 부처님과 같이 앉았다.

그러자 부처님께서는 가섭존자와 가사를 같이 두르고 앉아 계시는 모습을 보이시어 평등, 즉 심불급중생心佛及衆生 시삼무차별是三無差別의 "마음과 부처와 중생이 다 같이 평등하다."는 진리의 경지를 보이셨다.

곽시쌍부 郭示雙趺

부처님께서 열반에 드실 즈음, 수십 리를 걸어오시다가 목적지에 도달하지 못하고 사라쌍수(두 그루의 사라나무) 앞이 이르러 "내가 여기에서 열반에 들겠으니 가사를 네 겹으로 깔아다오." 하시며 누워 열반에 드실 준비를 하시자 모든 대중들이 몹시 슬퍼하니, "슬퍼하지 마라. 모든 대중이 진리에 의지해서 닦고 닦으면 모두 적멸의 불국토에 편안히 안주하리라." 하신 후 옆으로 누워 열반에 드시니 국왕이 칠촌 두께의 금관에 모셨다.

가섭 존자가 먼 지역에서 교화를 하다가 부처님의 열반 소식을 듣고 7일 만에 당도하여 합장하고 관을 세 바퀴 돌고는, "항상 모든 대중에게 생사가 본래없다고 하셨는데 왜 이렇게 열반에 드셨습니까?" 하였다.

그러자 부처님께서 관 밖으로 두 발을 내밀어 보이시니 가섭존자가 합장 예배를 올리자 부처님께서 발을 안으로 거두시어 생사일여生死一如의 묘법실상妙法實相을 보이셨다.

이와 같이 우리 불자들은 위 법문法文을 바로 보고 바로 알아야 부처님의 깨달은 세계를 수용할 수 있는 것이다.

총령도중蔥嶺途中 수휴척리手携隻履

달마達磨 대사께서 동토東土에 오셔서 당나라 양무제와의 인연이
다하여 위나라로 건너갔으나 당시 중국 전역에는 교리敎理 불교가
성행하고 있던 때였다.

그러나 달마 대사께서는 중생衆生이 상相에 집착하는 교리로서는
생사生死 문제를 해결할 수 없으며, 불교의 정법正法을 깨닫기 위해
서는 오직 심성心性, 즉 불성佛性의 근본根本을 바로 보아야만 부처를
이룰 수 있다는 《혈맥론血脈論》《관심론觀心論》《이입사행론二入四行
論》 등을 "지계천마 持戒天魔 간경외도 看經外道 염불마군 念佛
魔群, 계율과 문자에만 얽매인 형식주의는 천마이고 외도이며, 염
불만 외우는 것은 그것 또한 마군이다."라는 파격적인 전법傳法으
로 심법心法을 가르치니 자연히 율律과 교리敎理로 다져온 당시 불교

사상의 기존 세력들과 크게 마찰이 있게 되어 달마 대사의 공양물에 독약을 넣어 해치려는 비극이 일어났던 것이다.

몇 번은 도력으로 넘기셨지만 여섯 번째에는 독약이 들어 있는 줄은 아셨지만 이 몸뚱이와 인연이 다 하신 것을 아시고 그대로 잡수시고 열반涅槃에 드시자 웅이산熊耳山의 석관石棺에 모셔졌다.

그 3년 후 위나라 송운이 서역에 사신으로 갔다가 귀국하는 길에 인도와 중국의 경계에 있는 총령산 고개에서 주장자에 신발 한 짝을 꿰어 메고 그 고개를 넘고 계시는 달마 대사를 만나 물었다.

"스님 어디를 가십니까?"

"중국 땅에는 이제 인연이 다 되어서 고국 인도로 돌아가는 길이네."

"고국으로 돌아가거든 위제에게 안부나 전해 주게." 하시며 떠나셨다.

송운은 달마 대사와 작별하고 위나라로 돌아와 임금에게 아뢰니 3년 전에 분명히 웅이산에 묻었는데 그 무슨 소리인가 하고 묘를 파서 석관을 열어보니 관속에는 신발 한 짝만 있었다.

이것이 선종禪宗 초조 달마 대사께서 3년 후 육체 부활의 생사일여生死一如의 진면목을 보여주신 위대한 행적인 것이다.

총령도중葱嶺途中 수휴척리手携隻履

오조五祖 삼환생三還生

초조달마初祖達磨 대사로부터 사조도신四祖道信 선사에 이르자 도신 선사가 80에 이르도록 수제자首弟子를 정하지 못했다.

어느 날 한 노승老僧이 찾아와 법 거래가 시작되었는데 노승은 하나도 막힘이 없어 도신 선사가 묻는 말에 법에는 계합契合이 되었으나 나이가 문제가 되었다. 노승은 소나무 한 그루를 도신 선사의 방 앞뜰에 심어 신표信標로 심어 놓고 몸을 바꾸어 오겠다고 떠났다. 그 노승이 마을에 이르자 한 처녀가 개울가에서 빨래를 하고 있었는데, 그 처녀에게 "하룻밤 묵어 갈 수 있습니까?" 하고 물었다.

그 처녀는 "집에 어른들이 계시니 여쭈어 보십시오." 하였는데, 그 말이 떨어지는 순간 노승은 거기에서 몸을 벗어 버리고 그 처녀의 뱃속에 들어가 잉태孕胎되어 버렸다.

누구나 깨쳐 무심도인無心道人이 되면 이렇게 몸 바꾸는 일이 자유자재하게 되는 것이다.

그 후 열 달이 지나 출산하게 되었는데, 그 처녀는 너무 분하고 억울해서 아이를 낳자마자 강가에 내다 버렸다.

그러자 수많은 물오리 떼들이 모여들어 아기를 감싸서 보호하는 광경을 범상치 않게 보고 마을 사람들이 아이를 구해서 낳은 어머니에게 주어 기르게 하였다.

그 아이가 자라서 다섯 살이 되자 어머니 곁을 떠나 5년 전 하직 인사를 드렸던 도신 선사를 찾아가 이렇게 말했다.

"재송栽松이가 왔습니다."

"무엇으로 그대를 인정할꼬?"

"저기 소나무로 증명합니다."

이 분이 바로 오조홍인五祖弘忍 선사이시며, 이 분이 후에 육조혜능六祖慧能 선사를 배출하였다.

또한 열반에 드시기 전에 제자들을 불러 이르시기를, "내가 열반涅槃에 들거든 육신肉身을 화장을 시키지 말고 그대로 조사전祖師殿에 안치해 두면 내가 다시 몸을 받아 올 때에는, 그 전생신前生身이 한 손을 들 것이다." 하는 유언을 남겼다.

그로부터 3백년이 흘러 홍인 선사 14대째인 백운수단白雲守端 선사에 이르러 하루는 부전스님이 예불禮佛하러 조사전祖師殿에 갔다가 오조홍인 스님의 한 손이 들려 있는 것을 보고 즉시 대중에게 알렸다.

이에 모든 대중이 새로운 선사를 맞을 준비를 해놓고 기다리자 과연 한 노승이 와서 조사전에 계시는 오조홍인五祖弘忍 선사 앞에 서서 향 하나를 꽂으며 "옛날에 이렇게 온 몸으로 갔다가 오늘에 이렇게 다시 왔으니 그대는 나를 알지 못하지만 나는 그대를 아노라." 하셨다.

이 노승이 백운수단白雲守端(1025~1072) 선사의 법을 이어 오조홍인 五祖弘忍 선사께서 열반에 드신 지 3백년이 지난 후에 몸을 바꾸어와 오조산五祖山 법연法演(?~110 4) 선사로 선법禪法을 크게 펼치셨다.

우리 불교는 깨쳐 불지佛智를 이루면 오조홍인 선사와 같이 삼생을 몸을 바꾸는 것은 물론 3년이 아니라 3백년 후에도 생사에 자유 자재하게 되는 것이다.

유식삼성 唯識三性

1. 변계소집성遍計所執性 ─ 정유리무情有理無

2. 의타기성依他起性 ──── 여약가유如約暇有

3. 원성실성圓成實性 ──── 정무리유情無理有, 진여眞如, 진공묘유眞空妙有

위 삼성三性으로서 비공비유非空非有한 중도실상中道實相을 표현했다.

불교 심리학이 유식론인데 유식唯識이나 유심唯心은 같은 뜻으로서 유식삼성唯識三性은 오직 마음뿐이라는 것이다.

一. 변계소집성 遍計所執性

우리 중생은 두루 계교計較하고 헤아려서 집착執着하는 성질을 가지고 있다. 즉 내가 아는 것만이 옳다고 고집하는 마음이다.

이러한 마음은 정유리무情有理無라, 중생衆生의 망정妄情에는 있다 하더라도 이무理無라, 참다운 진리에는 없다는 말이다.

"저 사람이 밉다."라는 것도 이것도 번뇌에 가려진 마음에서 보는 것이지 그 사람이 객관적으로 미운 것이 아니다. 따라서 이것은 나의 망정妄情 망상妄想에만 있지 참다운 진리에는 없다는 것이다.

그래서 전쟁戰爭도 하고 좋아하기도 하는 것이다.

二. 의타기성依他起性

다른 것에 의지해서 일어나는 성품이다.

불교에서는 인연생因緣生 인연멸因緣滅이라, 모든 존재인 천지우주가 다 직접 · 간접으로 관련되어 있다는 말이다.

그러나 이것은 여환가유如幻暇有라, 허깨비 같이 가짜로 있다는 것이다.

사랑도 이렇게 나오고 인연 따라 망정妄情으로 장시간 일어난 허깨비 같은 가짜로 존재하는 것이다.

三. 원성실성圓成實性 (영원한 참다운 성질)

원만히 성취된 참다운 실다운 성품이라, 이것이 실존實存이며 실상實相이다. 즉 정무리유情無理有이다.

우리 중생의 망정이 없다는 말이다.

원성실성은 불성佛性, 열반涅槃, 도道, 극락실상極樂實相으로 시간·공간을 초월한 일체 공덕과 지혜를 다 갖춘 진여불성眞如佛性이다.

중생은 자기 고집으로 느끼는 망정으로 범부의 망상妄想에만 의지하여 사는 것이 현상 세계이다.

이런 것을 불가에서는 사승마蛇繩麻(새끼나 노끈)라 한다.

어슴푸레 광명이 없으니까 새끼 토막을 뱀으로 착각하는 것을 변계소집성이라 하고 그 실체는 하나의 새끼 토막이므로 이것은 의타기성에 해당되며, 이것도 여환가유如幻暇有라, 임시로 새끼 토막이 된 것이나 그 본질은 마나 짚이니 원성실성이 되는 것이다.

일승법一乘法과 방편方便

부처님께서 최초 21일 동안 《화엄경》을 설했으나 알아듣는 이가 없으므로 그 방법론으로 아함부를 12년, 방등부를 8년 반야부를 21년, 법화부를 8년 해서 49년 설법을 하셨다.

비유컨대 아함부는 유치원부터 초등학교까지의 학설이고, 방등부는 중학교 학설이며, 반야부는 고등학교 학설이요, 법화부가 대학교 학설이라면 화엄학은 대학원 학설에 해당한다.

그리고 부처님께서 최후의 '네 가지 의지하는 법四依'을 말씀하셨는데, 그 첫째는 대의大義를 의지하고 문자에 의지하지 말라는 것이다. 문자에 집착하다보면 대의를 잊어버리기 때문이다.

둘째는 지혜에 의지하고 알음알이, 즉 식識에는 의지하지 말라는 것이다. 여기에서의 지혜는 망상이 붙은 세간지혜가 아니고 분별이 끊어진 반야 지혜를 말한다.

그러므로 망상이 끊어진 반야般若의 지혜智慧에 의지해야지 망상, 분별이 붙은 식識에는 의지하지 말라는 것이다.

셋째는 법에 의지하고 사람에 의지하지 말라는 것이고, 넷째는 요의경了義經에 의지하고 불요의경不了義經에는 의지하지 말라는 것이다.

즉 요의경이라면《화엄경華嚴經》80권뿐이므로 이 화엄학 하나만 의지하지 다른 경은 전부 불요의경이라는 것이다. 왜냐하면 다른 경은 모두 화엄학에 끌고 올라가기 위한 보조격인 학설이기 때문이다.

十方國土中 시방국토중 唯有一乘法 유유일승법
無二亦無三 무이역무삼 除佛方便說 제불방편설
"시방국토 가운데 오직 일승법만 있고
이승도 없고 삼승도 없는데 부처님의 방편설도 빼놓는다."

말하자면 온 시방세계는 이대로가 항상 있는 세계인 '상주법계'이고, 걸림이 없는 세계인 '무애법계'이고, 하나의 참 진리의 세계인 '일진법계'로 이것이 무장애법계無障碍法界이며 일승법一乘法이라고도 한다.

본래 이 시방세계라고 하는 것은 일진법계, 무애법계, 무장애법계인데 부처님이 그것을 바로 아시고 그것을 중생에게 소개하신 것이다.

일승 이외의 법문을 많이 하셨는데 중생衆生이 알아듣지 못하니 방편方便으로 이런 말씀 저런 말씀을 하신 것이지 그것은 실설實說이 아닌 것이다.

그래서 참으로 부처님 법문을 알려면 일승법계의 소식을 알아야만 되는 것이지 그 외의 방편설로는 모르는 것이다.

부처님이 성도成道하시고 '돈설화엄頓設華嚴'이라고 처음 한꺼번에 《화엄경》을 21일간 설하셨는데, 《화엄경》을 설說해 놓으니 보는 사람이 없고, 듣는 사람도 없고, 아무도 알아듣지 못하므로 '퇴설삼승退設三乘', 물러서서 삼승법문을 설하신 것이다.

그래서 팔만사천 법문이 이루어지게 된 것이며, 중생 근기가 팔만사천으로 모두 다 각각 다르니 소위 방편설方便說을 하신 것이므로 그것은 전부 실설實說이 아닌 것이다.

처음에 《화엄경》을 설한 것이 일승법문이고, 최후에 또 《법화경》을 설한 것이 일승법문인데, 화엄·법화 중간에 40년 동안 설한 그것은 전부 다 방편설이다.

참고로 《법화경》을 '성문의 무리聲門之徒'라고 했다.

《법화경》은 멋진 경전이다. 수행하는 사람들은 별로 탐탁지 않게 여겼지만 수행할 능력도 없는 나약한 중생들을 위한 가르침인 까닭에《법화경》은 사람이 본래 약하다고 말한다.

"홀로는 살 수 없다. 그러므로 손에 손을 맞잡고 힘을 합하자. 그리고《법화경》을 널리 펴자."

그래서《법화경》은 무리 짓는 독특한 방식을 채택한다.

부처의 가르침을 펴는《법화경》은 길을 잘 모르는 사람들을 차근차근 타일러 이쪽으로 돌아서게 해서 함께 불국토를 구축하는 깨달음의 길을 가르치고 있다.

법장도《법화경》은 잘 알고 있었다. 징관은 늘 읽었다 한다. 그렇지만 법장은《법화경》의 '법' 자도 언급하지 않았다.

그는 백년이나 앞서 천태대사 지의智顗가《법화경》의 철학에 입각해 천태종天台宗을 창립해 놓았는데 알고는 있지만 언급하지 않는 것이다.

그래서 온통《화엄경》일색으로 통일을 기했다.

법장 이후 또 백 년이 지나 징관은《법화경》을 머리맡에 두고 읽으면서 원교의 기초를 더욱 든든히 다지고자 했다.

일승이란 화엄·법화가 일승을 대표한다고 말하는데 일승원교의 교리를 근본적으로 집대성한 사람이 천태지자天台智者 선사이다.

《법화경》에 대해 천태지자 선사는 이렇게 말했다.

圓教者此現中道遮於二邊 원교자차현중중도차어이변

"원교라 함은 중도를 나타낸 것이니 양변을 막아 버렸다."

일승 원교란 것은 실지 그 내용이 중도中道인데, 중도란 것은 양변을 여읜 것이라는 말이다.

양변이란 유有와 무無, 시是와 비非, 선善과 악惡 같은 것을 말하는데, 이처럼 상대 세계에서는 모든 것이 전부 양변으로 되어 있어, 그 차별적 양변이란 것은 실법이 아닌 것이다.

心卽明淨 심증명정 雙遮二邊 쌍차이변
正入中道 정입중도 雙照二諦 쌍조이제
"마음이 밝고 깨끗하면 양 변을 쌍으로 막고
정히 중도에 들면 이제를 쌍으로 비춘다."

말하자면, 수도修道를 많이 하면 마음이 깨끗해지고 밝아지게 된다. 그래서 번뇌 망상이 하나도 없이 깨끗해지면 양변을 여읜다는 뜻이다.

우주의 실상實相은 대립의 소멸과 그 융합에 있는데, 즉 이제二諦인 진眞 · 속俗이 서로 합습하고, 선善 · 악惡이 서로 합하여 융합한다는 말이다.

결국 차별적差別的인 선악이나 유무를 완전히 초월하는 동시에 완전히 융합하는 것을 중도中道라 하며, 이것을 일승원교一乘圓敎라 한다.

또한 일승 원교, 즉 중도中道라 하는 것은 모든 차별을 초월하고, 모든 차별들이 원융무애圓融無碍하여 서로 융통자재融通自在하다는 뜻이다.

일진법계一眞法界라는 것은 모든 것이 다 평등하여 전부 진여眞如뿐임을 말하고, 이렇게 되면 모든 것이 융통자재하여 지는데 이것을 무애법계無碍法界, 즉 사사무애법계라事事無碍法界한다.

천태 스님 말씀은 《법화경》의 '제법실상諸法實相' 이란 것은 현실 그대로가 절대絶對라는 말로, 현실의 모든 차별적 양변을 완전히 떠나서 양변이 서로 융합한다는 말이다.

양변을 초월한다는 '차遮'와 양변이 서로 통한다는 '조照'가 어떻게 다른가 하면, 양변이 서로 통한다는 말은 하늘에 구름이 꽉 끼어 있어 해가 안 보이지만 구름이 확 걷히면 해가 확연히 드러난다는 말과 같고, 양변을 초월한다는 말은 구름이 걷힌다는 말과 마찬가지이다.

그래서 쌍차쌍조双遮双照, 쌍으로 걷히고 쌍으로 초월하고, 쌍으로 비추고 쌍으로 통하고, 그래서 일승원교, 중도라 하는 것은 모든 차별을 초월하고 모든 차별들이 원융무애하여 서로 융통자재한다는 말이다.

사사무애事事無碍에 대하여 조금 더 간략히 설명하자면, "모든 존재는 시간과 공간을 떠났다. 시공이 융합하는 시대가 온다." 하여

4차원의 세계를 말하였다.

이 4차원의 세계는 아인슈타인A. Einstein의 상대성원리相對性原理
에서 전래된 것으로 화엄華嚴의 이사무애법계理事無碍法界에 준한다고
할 수 있다.

이사무애법계는 중생과 부처, 선善과 악惡의 도道를 이해하는 경
지이다. 종교가 여기에 속한다. 《반야심경般若心經》의 색즉시공色卽是
空 공즉시색空卽是色이 4차원의 세계이다.

사사무애법계事事無碍法界의 견해가 얻어지면 "생사生死에 물들지
않고 거취去就가 자재自在하다."고 하였다.

어디에도 걸리지 않는 완전한 자유자재自由自在의 경지를 체득體得
하게 되는데 이는 참사람인 무위진인無位眞人이 되는 것이다.

여기에서 무위無位는 미혹迷惑한 현실을 말하고 이를 벗어난 사람
을 참사람인 진인眞人이라 한다. 즉 완전한 견성見性을 말한다.

원교대종圓敎大宗이라고 하는 화엄에서는 일승을 어떻게 설명했
을까? 청량淸凉 스님이 화엄종취華嚴宗趣에 대해 정확히 정의를 내리
고 있다.

　　即照而遮 즉조이차
　　即遮而照 즉차이조
　　双照双遮 쌍조쌍차

圓明一貫 원명일관

契斯宗趣 계사종취

"곧 비추며 막고

곧 막으며 비추니

쌍으로 비추며 쌍으로 막아서

둥글게 밝아 일관하면

이 종취에 계합하는 것이다."

즉조이차卽照而遮, 곧 비추면서 막는다. 결국 모든 것이 융통자재하다. 즉 모든 것을 초월했다는 말이다.

그런 동시에 즉차이조卽遮而照이니, 모든 것을 초월할 때에 모든 것이 다 융통해 버리고, 모든 것이 융통할 때 모든 것이 다 초월해 있다는 말이다.

그래서 쌍조쌍차双照双遮가 된다는 말이다. 그렇게 되면 원명일관圓明一貫, 둥글고 밝게 모든 것이 다 원만구족圓滿具足해진다는 것이고, 그렇게 일관할 것 같으면 계사종취契斯宗趣 화엄종취에 맞다는 말이다.

즉 화엄종취라는 것은 쌍차쌍조에 있는 것이다.

이것이 청량淸凉 국사의 화엄종취에 대한 정의이다.

결론적으로 불교에서 가장 구경인 최후 원리를 설한 경을 화엄

법화라 하는데 이를 총칭하여 일승원교一乘圓敎라 한다.

쌍차쌍조双照双遮를 이론적으로 살펴보면 화엄의 사법계四法界인 "이법계理法界, 사법계事法界, 이무애법계理無碍法界, 사사무애법계事事無碍法界"가 펼쳐지게 된다.

결국 사법계 중에 이법계가 있는 것이지 이법계 사법계가 따로 있는 것이 아니다. 즉 이사理事가 무애無碍인 것이다.

그러므로 천삼라天森羅, 지만상地滿象이 하나도 무애법계 아님이 없고, 온 시방세계의 모든 존재가 중도 아닌 것이 하나도 없고, 절대 아닌 것이 하나도 없다는 말인데 이것이 화엄의 근본 이론인 것이다.

가장 중요한 것은 일진법계, 무애법계, 무장애법계 이외에는 전부 방편설이며 실설實說이 아닌 것이다.

따라서 어떻게 하든지 노력하여 실설을 따라가야지 방편가설인 줄 알면서 그것을 따라갈 필요는 없는 것이다.

그렇다면 그런 무애자재한 교리, 사법계事法界라든지 제법실상諸法實相이라든지 무애법계, 일승원교라 하는 것이 우리 불교의 구경究竟인가?

그것이 아니다.

그렇다면 무엇인가?

"그것은 뗏목인 것이다."

이렇게 확실히 알고 믿으면 여기에서 깨침의 길로 들어서는 참수행의 문門이 활짝 열리게 되는 것이다.

뗏목을 버려라

교외별전敎外別傳인 선禪이란 것이 있다.

일승이니 하며 아무리 큰소리 해대지만 그것은 말에만 그칠 뿐 실은 아닌 것이다.

'교敎'라 하는 것은 뭐라고 하든 '말'이지 '실實'은 아니다.

아무리 일승이 실법이라고 하지만 일승이야기를 아무리 해봤자 말이기 때문에 배가 안 부른 것이다.

참으로 마음의 눈을 뜨려면 참선參禪을 해서 실제로 밥을 떠먹어야 하는데, 그것을 교외별전, 즉 선禪이라 하는 것이다.

요리 강의라는 것은 밥 잘 해 먹자는 것인데 그것을 천 날, 만 날 해도 배가 부르지 않는 것이다.

그래서 교외별전에서 볼 때는 일승 아니라 더한 일승이라도 전부가 방편이고, 가설인 것이다.

즉 화중지병畵中之餅, 그림 속의 떡이란 뜻이다.

진정眞淨 스님께서

無盡性海含一味 무진성해함일미

一味相沈是我禪 일미상침시아선

"다함이 없는 자성 바다는 한 맛이나

한 맛이 끊어져야 나의 선禪이다."

라고 하였다.

무진성해無盡性海, 다함이 없는 자성 바다, 전체가 한 맛이니, 일진법계 무애법계라는 말이다.

일미一味라 함은 무애無碍인데, 한 맛이 되려면 서로 완전히 통해야 되지 안 통하면 한 맛이 안 되는 것이다.

결국 일미라 하는 것은 전부가 통하는 세계, 색과 공이 통하고 모든 것이 다 통해 있는 세계인 것이다.

즉 "손가락을 가지고 달을 가리키면 달을 보지 손가락은 보지 말라."는 것이다.

일승불교가 "실實이다"라고 하는 이것도 달을 가리키는 손가락이지 달은 아니다.

화엄·법화 일승원교가 다 방편가설인 줄을 분명히 알아야만 비

로소 자기 마음을 깨치는 길로 들어갈 수 있는 것이지 "일승원교가
참으로 우리 불교의 진리다. 그것이 구경究竟이다." 하는 것은 실제
에 있어서 우리가 항상 손가락에만 매달려 있지 달은 영원히 못보
고 만다는 뜻이다.

결론적으로 시방세계가 전부 일승불교이며 일승의 도리인데, 이
것은 무애법계, 즉 중도에 서 있는 것이다.

이 중도란 불생불멸인 것이고, 또 양변을 여읜 무애법계란 말이다.

이것을 '교'에서는 실이라 하여 구경법이라 하는데, 참으로 사
실을 알고 보면 이것도 일종의 방편이고 가설이며 달을 가리키는
손가락이지 달은 아니다.

그러므로 우리는 화엄이고 법화고, 일승이고 원교고 다 내버려
야만 한다. 그래서 어떻게든 손가락만 보지 말고 달을 봐야 하는
것이다.

《금강경》 칠사구게七四句偈에

知我說法如筏喩者 지아설법여벌유자
法尙應捨何況非法 범상응사하황비법
"내가 말한바 법이 뗏목과 같은 줄 알라.
진리眞理도 오히려 놓아 버려야 하거늘 하물며 그릇된 법法이
야."

라고 하였고, 나옹 선사께서는 이렇게 말했다.

"여러 불자들이여, 알겠는가? 여기서 당장 빛을 돌이켜 한번 보아라. 지옥, 아귀, 축생, 아수라, 인간, 천상 등은 본지풍광本地風光을 밟을 수 있는가?

그렇지 못하면 조그만 갈등을 말하겠으니 자세히 듣고 똑똑히 살펴야 한다.

사대四大가 모일 때에도 이 한 점의 신령스런 밝음은 그에 따라 생기지 않았고, 사대가 흩어질 때에도 그것은 무너지지 않으며, 나고 죽음과 생기고 무너짐은 허공과 같거니 원친冤親의 묵은 업이 지금 어디에 있겠는가?

이미 없어진 것이라 찾아도 자취가 없고 트이어 걸림 없음이 허공과 같다.

세계와 티끌마다 미묘한 본체요, 일마다, 물건마다, 모두가 주인을 따라 당당히 나타나고 예로부터 지금까지 오묘하고 오묘하다.

자유로운 그 작용이 다른 물건 아니고 때를 따라 죽이고 살림이 모두 그것의 힘이니, 여러 불자들 알겠소?

만약 모르겠다면 이 산승이 불자들을 위해 알도록 하겠소."

그리고는 죽비로 탁자를 치면서 한번 할喝을 한 다음 이와 같이 말했다.

"여기서 단박 밝게 깨쳐 현관玄關을 뚫고 지나가면 삼세의 부처님과 역대 조사祖師와 천하 선지식들의 골수를 환히 보고 그분들과 손을 마주 잡고 함께 다닐 것이다."

또 한 번 죽비로 탁자를 친 뒤 말을 이었다.

"이로써 많은 생의 부모와 여러 겁의 원친冤親에서 친한 이를 원망한 일에서 뛰어나시오.

또한 저승과 이승의 온갖 원친에서 뛰어나고, 지옥의 갖가지 고통 받는 무리에서 괴로워하는 축생의 무리에서 뛰어나고, 성내는 아수라의 무리에서 인간의 교만한 무리에서 천상의 쾌락에 빠져 있는 무리에서 뛰어나시오."

죽비를 내던지고 이렇게 말을 맺었다.

"기슭에 닿았으면 배를 버릴 것이지 무엇 하러 다시 나루터 사람에게 길을 묻는가?"

천상락天上樂에 대하여, 보살은 법재法財 등을 베풀어 가없는 이익을 행할 것이니 만약 이익 하는 마음을 지으면 이는 곧 법이 아니고, 이익 하는 마음을 짓지 않으면 이것이 무주無住이다. 무주가 곧 부처님의 마음이라고 하여 이를 무주상보시無住相布施라 한다.

그러나 남을 위하여 법재로 보시하여 유루복有漏福, 유위복有爲福을 짓고 주상보시를 하더라도 복은 받으나 주상보시는 생천복生天福이라 하여 우선 자기 자신이 흐뭇하고 남들로부터 칭찬도 들으며 천상天上에도 수백 번을 가겠지만, 그 복이 다하고 나면 다시 나락으로 떨어지고 만다.

그래서 이러한 복을 삼생三生의 원수라 하는데 복 짓느라고 일생을 보내고, 또 그 복을 쓰는데 일생을 보내고, 다음에는 복을 다 쓰고 나면 하천下賤하게 일생을 보내게 되니 삼생을 복 때문에 헛되게 보낸다는 것이다.

이렇게 유위복에 빠져 있으면 천상락天上樂은 누릴 수 있지만, 우리가 천상天上, 천상하지만 그것은 육도윤회六途輪廻하는 생사법生死法이므로 참 수행자가 되어 성불成佛하기는 어려운 것이다.

밖에서 찾지 마라

당나라 동산양개가 깨닫고 난 후 남긴 오도송이다.

切忌從他覓 절기종타멱

迢迢與我疎 초초여아소

我今獨子往 아금독자왕

處處得逢渠 처처득봉거

渠今正是我 거금정시아

我今不是渠 아금불시거

應須恁麼會 응수임마회

方得契如如 방득계여여

"밖에서 찾지 마라.

갈수록 나한테서 멀어지리니

나 이제 홀로가매

곳곳에서 그를 만나노라.

그가 바로 지금의 나이지만

나는 지금 그가 아니로다.

이렇게 깨달아야

바야흐로 부처를 만나리."

《육조단경六祖丹經》에

善知識 見自性自淨 선지식 견자성자정

自修自作 自性法身 자수자작 자성법신

自行 佛行 자행 불행

自作自成 佛道 자작자성 불도

"선지식들이여, 자기 성품이 스스로 청정함을 볼지니,

스스로 닦아 스스로 이룸이 자기 성품인 법신法身 '진리의 본

체'이며

법신 그대로 행함이 부처님의 행위이며

스스로 짓고 스스로 이룸이 부처님의 도이다."

라고 하였다. 즉 도道나 진리眞理는 스스로 깨달아 가는 것이지 물어

서 가는 것이 아닌 것이다.

그리고 서산 대사께서

可笑尋牛者 가소심우자
騎牛更覓牛 기우갱멱우
"우습구나, 소를 찾는 이여.
소를 타고서 다시 소를 찾는구나."

라고 하여 내 마음의 자성불自性佛을 두고서 밖으로 찾아 헤매고 있
는 중생들에게 들려주시는 말씀이다.

즉 나 말고 부처가 따로 없고, 부처 말고 내가 따로 없다. 그러
므로 부처를 찾는 것이 곧 자기를 찾는 것이요, 자기를 찾는 것이
곧 부처를 찾는 것이다.

옛 게송에

盡日尋春不見春 진일심춘불견춘
芒鞋遍踏隴頭雲 망혜편답롱두운
歸來笑撚梅花臭 귀래소연매화취
春在枝頭已十分 춘재지두이십분
"날이 다하도록 봄을 찾아도 봄을 보지 못하고
짚신이 닳도록 이랑머리 구름만 밟고 다녔네.

돌아와 매화꽃 피었기에 향기를 맡았더니

봄은 흠뻑 가지 위에 있었네."

라는 내용이 있다.

견성성불見性成佛이란 진여불성眞如佛性인 자기 내면에 본래 구족具
足되어 있는 자성불을 본다는 것이지 어디 멀리 밖에서 찾는 것이
아니다.

망아妄我인 내가 아닌 자성불인 진아眞我가 모든 것을 한다고 굳
게 믿고 간절하고 진실하게 놓고 맡기면 그것이 참다운 신행信行인
것이다. 내 안에 있는 보배를 멀리하고 모양 있는 것을 찾아 밖으
로 헤매는 것은 그림자를 믿는 것과 같은 것이다.

《육조단경》에

我心自由佛 自佛是眞佛 아심자유불 자불시진불

自若無佛心 何處求眞佛 자약무불심 하처구진불

汝等自心是佛 更莫孤疑 여등자심시불 갱막고의

外無一物 而能建立 외무일물 이능건립

皆是本心 生萬種法 개시본심 생만종법

"내 마음 안에 스스로 부처가 있는데

이 내 부처가 곧 참 부처이니라.

만약 내 마음 안에 부처가 없다면

어느 곳에서 참 부처를 구할 것인가.

너희들의 마음이 곧 부처이니

다시는 의심하지 말라.

밖으로 한 물건도 세울 것 없으니

이 본심이 만 가지 법을 내는 것이니라."

하였다. 또한

何期自性本自淸淨 하기자성본자청정

何期自性本不生滅 하기자성본불생멸

何期自性本自具足 하기자성본자구족

何期自性本無動搖 하기자성본무동요

何期自性能生萬法 하기자성능생만법

"성품이 어찌 본래 스스로 청정함을 알았으며

성품이 어찌 생멸이 없는 것을 알았으며

성품이 어찌 본래 구족되어 있는 것을 알았으며

성품이 어찌 본래 동요가 없는 것을 알았으며

성품이 어찌 능히 만법을 내는 것을 알았으리까?"

라고 하여 내 마음 안에 스스로 참 부처 '여래심如來心'이 있는데 이
마음은 본래 부처로써 구족되어 있고, 또한 일체 만법을 내고 있다

고 하였다.

　그런데 우리 중생은 어리석어 번뇌煩惱로 꽉 차 있어 내가 참 부처인줄 모르고 밖으로만 부처를 찾고 있는 것이다. 육조六祖 스님은

　　　凡愚不了自性 범우불료자성
　　　不識身中淨土 불식신중정토
　　　願東願西 원동원서
　　　悟人在處一般 오인재처일반
　　　所以佛言 소이불언
　　　隨所住處恒安樂 수소주처항안락
　　　"범부는 무지해서 자기의 성품性品을 모르기 때문에
　　　자기 몸속에 있는 정토를 모르고
　　　동쪽이니 서쪽이니 헤매며 찾고 있지만
　　　깨달은 사람은 어디에 있으나 그곳이 그곳이라 마찬가지다.
　　　그러므로 부처님께서 말씀하시기를
　　　'머무는 곳을 따라 항상 안락하다'."

라고 하셨다.

백년찬고지 百年鑽古紙

백장白丈 선사의 법을 이어받은 스님 중 고령에 신찬神贊이라는
분이 있었다. 그는 일찍이 어렸을 때 북주에 있는 고령사에서 득도
得道하여 계첩을 얻었으나, 그의 스승인 계현戒賢 대사는 경학經學에
만 조예造詣가 깊을 뿐 참선에는 별로 뜻이 없는 강사로서 신찬에게
장차 위대한 법사法師가 되기를 기대하고 일찍부터 경학만을 열심
히 가르쳤다. 재주가 비상한 신찬은 오래지 않아서 오히려 그 스승
을 능가하는 훌륭한 경학자가 되었으나 경학을 깊이 연구하면 할
수록 참선문參禪門으로 마음이 점점 기울어만 가는 것이었다.

마침내 그는 어느 날 바랑을 짊어지고 몰래 도망하여 장산으로
백장 선사를 찾아갔다. 그는 여기에서 수년 간 불철주야 피눈물 나
는 정진精進을 하여 견성오도見性悟道를 하게 되었다.

성도成道를 한 후 그는 자기를 처음 입도入道시켜서 경학을 가르쳐 주고 지극히 보살펴 분 은사인 계현 스님이 계시는 고령산으로 돌아왔다.

"너는 나를 버리고서 여러 해 동안 소식이 없이 돌아다니더니 그동안 무슨 소득이나 있었느냐?"

이에 신찬은 "아무 것도 얻은 바가 없습니다."라고 대답하였다.

본래무일물本來無一物이니 무엇을 얻으리오마는 이 참뜻을 알아듣지 못하는 스승은 빈손으로 허송세월하고 돌아왔다고 실망한 나머지 꾸짖고 천한 일을 하도록 하게 하였다.

어느 날 스승은 신찬에게 목욕물을 데우게 하고 등의 때를 밀어 달라고 하였다. 그는 스승 등의 때를 밀어 주다가 문득 "법당法堂은 참 좋은데 부처가 영험치 못하군." 하고 혼자 중얼거렸다.

이 말을 들은 스승은 괴이하게 여겨 뒤를 돌아다보았다. 그러자 "부처는 영험치 못하나 방광放光은 할 줄 아는군." 하며 거리낌 없이 또 중얼거렸다. 이때 스승은 무엇인가 선뜻 가슴에 와 닿는 것 같은 느낌이 들며 신찬이 범상한 인물이 아니라는 것을 막연히 짐작하게 되었다.

그 후 며칠이 지나서 스승이 조실祖室에서 한적하게 경서를 보고 있는데, 난데없이 벌 한 마리가 날아 들어와서 열어 놓은 창문으로 나가지 않고 닫혀 있는 창문으로만 나가려고 탕탕 몸을 부딪치며 애를 쓰고 있었다. 이것을 본 신찬은 이 광경을 비유해서 시詩 한

수를 지어 스승에게 들으라는 듯이 유유히 읊었다.

空門不肯出 投窓也大痴 공문불긍출 투창야대치
百年鑽古紙 何日出頭期 백년찬고지 하일출두기
"아 어리석은 벌이여! 활짝 열어 놓은 저 문은 어이 마다하고
굳게 닫힌 창문만을 안타까이 두드리느뇨.
백년을 뚫어지게 경서를 본들 어느 날 어느 때에 깨치기를 기
약할 손가."

이 게송을 읊는 소리를 들은 스승은 보던 경서를 경탁 위에 덮고
신찬을 묵묵히 바라보며, "나는 네가 나가서 허송세월을 하고 돌
아온 줄 알았더니 그렇지 않은가 보구나. 그 동안 누구에게서 어떤
법을 배웠느냐?" 하고 신중하게 물었다.

이에 신찬은 답하기를, "실은 소승이 그 동안 백장 선사 법좌法座
에서 불법의 요지要旨를 깨닫고 돌아왔습니다만 돌아와 보니 스님
께서는 아직도 참 공부에는 뜻이 없고 여전히 문자에만 골몰하심
을 보고 권하여도 들으실 리가 없는지라 참다운 발심發心을 촉구하
였던 것이니 용서하십시오." 하였다.

스승께서 "오! 기특한 일이로다. 네가 비록 내 상좌上佐이나 공
부로는 나의 스승이니 지금부터 백장 스님을 대신하여 나에게 불
법을 설하여 다오." 하고 자리를 정중히 고쳐 앉으며 간절하게 부

탁하였다.

　그리고 특별히 법좌를 베풀어서 신찬을 설법상에 오르기를 청하니, 엄숙하게 설법상에 오른 신찬은 위의威儀도 당당하게 소리 높여 백장선사가 제창한 바로 그 진풍眞風을 그대로 보여 주었다.

　백장 선사께서 수시垂示하시되,

　　靈光獨露 逈脫根塵 영광독로 형탈근진
　　體露眞常 不拘文字 체로진상 불구문자
　　眞性無染 本自圓成 진성무염 본자원성
　　但離妄緣 卽如如佛 단리망연 즉여여불
　　"신령한 광명이 홀로 드러나서 육근 · 육진의 모든 분별을 벗어났네.
　　자체가 항상 참됨을 드러내어 언어와 문자에 걸리지 않도다.
　　진성은 더럽혀지지 않고 본래부터 원만히 이루어져 있으니
　　다만 허망한 인연만 여위면 그대가 곧 부처이니라."

고 하여 진성眞性은 본래 구족되어 있음을 설하셨다.

　즉 영광靈光이 홀로 빛나서 근진根塵인 안眼 · 이耳 · 비鼻 · 설舌 · 신身 · 의意와 색色 · 성聲 · 향香 · 미味 · 촉觸 · 법法을 형탈逈脫하며 체로진상體露眞常하여 문자에 걸림이 없도다. 심성心性은 물듦이 없어서 본래 스스로 원만히 이루어졌으니 자못 망연妄緣만 여의면 곧

여여불如如佛이니라." 하니 숙연히 경청傾聽하던 노승은 언하言下에 감오感悟하고 다 늙어서 이런 무상無上의 법문을 들으니 꿈만 같다 하며 감격의 눈물을 흘렸다고 한다.

　대주혜해 선사가 처음으로 마조에게 참배하러 가자 마조가 물었다.
　"어디에서 왔는가?"
　선사가 대답하였다.
　"월주의 대운사에서 왔습니다."
　"무엇 하러 이곳까지 왔는가?"
　"불법을 구하러 왔습니다."
　"자기 집에 있는 보물창고는 돌보지 않고 집안을 내팽개쳐 놓고 도대체 무슨 일을 하겠다는 것인가?
　내가 있는 이곳에는 아무것도 없는데 무슨 불법을 구하려 하는 가?"
　이는 큰 부자가 자기 집 창고에 금은보화를 산더미처럼 쌓아 놓고 바가지를 들고 밖으로 구걸하는 거지 행세를 하는 것과 같다는 뜻이다.
　이에 대주 선사가 마조에게 절을 올리고 여쭈었다.
　"어떤 것이 제 집에 있는 보물 창고입니까?"
　"지금 나에게 묻고 있는 그대가 바로 보물 창고이다.

거기에는 모든 것이 다 갖추어져 조금도 모자라지 않고 마음껏 쓸 수 있는데 어찌하여 밖으로만 그것을 구하려 하는가?"

대주 선사는 마조의 말을 듣는 순간 스스로 본래의 마음을 깨달았는데 알음알이로 말미암지 않았으므로 뛸 듯이 기뻐하여 마조에게 절을 올렸다.

《금강경》 사구게에

可以身相 見如來不 가이신상 견여래부

不可以身相 得見如來 불가이신상 득견여래

凡所有相 皆是虛妄 범소유상 개시허망

若見諸相非相 卽見如來 약견제상비상 즉견여래

"육신의 몸매로써 여래를 볼 수 없고

육신의 몸매를 여위어야 여래를 볼 수 있느니라 하시고

무릇 있는 바 모든 현상은 다 허망한 것이니

만약 모든 현상이 진실상이 아닌 줄 보면 여래를 보느니라."

고 하였고,

應離一切相 응리일체상

發阿누多羅 三藐三菩提心 발아뇩다라 삼먁삼보리심

"나라는 생각, 남이라는 생각, 중생이라는 생각, 오래산다는

생각 없이 일체의 상相, 관념觀念을 여의어야 아뇩다라삼먁삼
보리심을 득得하게 될 것이니라."

고 하였다. 또한

若以色見我 以音聲求我 약이색견아 이음성구아
是人行邪道 不能見如來 시인행사도 불능견여래
"만일 모양으로 나를 보려하거나 음성으로 나를 찾으려 하면
이는 곧 삿된 도를 행하는 자라 여래를 길이 볼 수 없느니라."

고 하였다.

우리가 세간적인 상相을 놓고 복을 비는 것은 대상對相의 범위 안
에 구속되어 큰 복이 될 수 없다.

그러나 상을 떠나 버린 참다운 공부를 한다면 우리가 굳이 부르
지 않아도 진여불성 가운데는 무한의 공덕이 있기 때문에 저절로
공덕이 다 오게 되는 것이다.

우리 진여불성은 실지실견悉知悉見, 즉 나보다도 나를 훨씬 더 잘
알기 때문에 새삼스럽게 "부처님이시여, 나한테 무슨 재산을 주십
시오." 이렇게 구하지 않는다 하더라도 진여불성은 다 미리 알고
있다는 말이다.

우주는 진여불성 하나일 뿐이다.

따라서 불교의 가르침은 진여불성 일원론인 것이다.

진여불성이 법계 연기를 따라서 우주가 이루어지고 사람이 생겨나고 다른 모든 것이 이루어지곤 하는 것이다. 그런데 아직도 많은 불자들은 부처님께서 위와 같이 자세히 강조하셨는데도, 상相을 버리지 못하고 모양을 놓고 빌고 음성으로 아니면 밖에서 찾고 있으니 참으로 안타까운 일이다.

우리 불교에서는 신神을 초월하여 법신法身이 있고, 영혼靈魂 위에 진인眞人이 있음을 알아야 한다.

그것을 증득證得하는 것으로 구경究竟으로 삼는데 육신肉身과 신神과 영혼靈魂의 근본根本이 법신法身이다.

그 근본을 잃어버린 육신과 신과 영혼이 서로 교환 이동交換移動하는 생활이 사바세계娑婆世界의 인간인 것이다.

또한 신이 아무리 신통자재神通自在한 최고最高신으로 인류화복人類禍福을 주재主帝한다 하더라도 육체를 갖추지 못한 사邪인 것이며, 신을 신앙의 대상으로 삼는 것은 참으로 어리석은 짓이다.

또한 불성을 식신識神(중생심)으로 착각하면 정법正法의 안목이 없는 불교인이 되는 것이고, 불성佛性을 영혼(자기업신自己業身)으로 착각하면 불법을 모르는 외도外道가 되는 것이다.

참선요지 參禪要旨

우리들의 마음을 분류하면 네 가지로 말할 수 있는데 그것은 육단심肉團心·연려심緣濾心·집기심集起心·견실심堅實心이다.

육단심은 우리의 육체적 생각에서 우러나는 마음이고, 연려심은 보고 듣는 데서 분별하여 내는 마음이고, 집기심은 소위 제7식識과 제8식이다. 이것은 망상을 내는 깊은 속마음이다. 그리고 견실심은 본성으로서 이것이 부처님 마음자리다.

참선은 부처님 마음자리인 견실심을 보는 공부이며, 도道이다.

선禪은 근본 자성을 요달7達하여 생사生死를 끊는데 있는 것이며, 마음속의 생멸을 없애는 것이 근본 목적인 것이다.

한암漢岩 스님은《선중방함록禪衆芳啣錄》〈서序〉에서,

"참선이란 처음 마음을 낼 때 곧바로 스스로의 마음이 부처임을 세워 한 생각의 기틀을 돌리면 영겁의 무명無明이 얼음 녹듯이 곧바로 사라질 것이다. 따라서 '처음 마음을 낼 때 스스로의 마음이 부처임을 세워 한 생각 기틀을 돌린다' 는데 생명生命이 있다."

라고 하셨다.

또한 참선은 모든 업장業障과 습기習氣를 녹이는 용광로鎔鑛爐인 것이다.

우리가 지금 어두워서 못 볼 뿐 밝은 눈으로 본다면 모든 것이 바로 그대로 부처인 것이다.

바다에서 일어나는 천파만파의 파도라든가 수십억 개 되는 거품 모두가 다 그대로 물이듯이, 따라서 가지와 잎사귀 다 버리고서 근본 줄기와 뿌리만 가지고 하는 공부 이것이 참선 공부이다.

따라서 중국을 거쳐 온 조사선祖師禪 도리는 부처님 법문 가운데서 꼭 거쳐야 하고, 가장 발전된 형태인 것이다.

육조혜능 스님께서도 "내 법문은 본체를 안 여읜다."고 하셨다. 상相에 걸리지 않고 본체를 여의지 않는단 말이다. 본체를 여의지 않아야 참선인 것이다.

隨處作主 立處皆眞 수처작주 입처개진

"이르는 곳마다 주인공이 되면 서 있는 그곳이 진리의 자리다."

어느 경우에나 자기 주체를 확립하면 그곳이 바로 진리처인 것이므로 선방만이 참선하는 곳이 아니다.

참선하는 사람은 각각 자기 육체가 선방이라 어느 때 어느 곳에서나 행주좌와行住坐臥 어묵동정語默動靜에 간단間斷없이 이어져야 하는 것이다.

'이 뭣고' 나, '무無' 자나 어떠한 화두를 든다 하더라도 본체를 떠나서 그냥 의심만 품어서는 참선이 될 수 없다.

"禪是佛心선시불심이요 敎是佛語교시불어라, 참선은 바로 부처의 마음이요, 교는 바로 부처님의 말씀인 것이다." 우주만물은 오로지 불심뿐이다.

참선하는 이가 항상 경계해야 할 것은 유심有心으로 분별하고 헤아려 자기 마음으로 사량思量하는 것이니 사량함으로써 나타난 것은 모두 다 꿈이다. 이것은 모두 망념으로 인한 것이니 기멸起滅이 멈추지 않는 이 망념을 식은 재와 같이 하고, 마른 나무 같이 하고, 한 생각 만년이 가도록 해야 하나니 그렇지 않고 생각으로 헤아린다면 어느 겁에 깨닫게 되겠는가?

서산 대사의 《선가귀감禪家龜鑑》에

神光不昧 신광불매 萬古徽猷 만고휘유
入此門來 입차문래 莫存知解 막존지해
"거룩한 빛이 어둡지 않아 만고에 밝구나.
이 문안에 들어오매 알음알이를 두지 말라"

고 하여 이 참선문에 들어오고자 하면 알음알이를 놓아 버리고 오로지 화두 탐구에만 전념해야 깨침을 얻을 수 있는 것이라 하셨다.

부처님 당시 선법禪法은 어떻게 깨달아 들어갔는지 예를 들어보면 다음과 같다.

부처님 당시 한 외도外道가 와서 물었다.

"말이 있는 세간법도 묻지 않고, 말이 이를 수 없는 것도 묻지 않습니다. 이에 대하여 말씀하여 주십시오."

이때 부처님이 잠잠히 계셨다.

이에 외도가 일어나서 절하면서 "세존께서 대자대비하시어 저의 미혹迷惑한 마음을 열어 주시어 저로 하여금 도道에 들게 하셨습니다. 참으로 감사합니다." 하고 돌아갔다.

부처님 곁에서 이를 지켜보던 아난존자阿難尊者가 이상히 생각했다. 부처님은 한 말씀도 안 하셨는데 무엇을 알고 무엇이 고마운가가 궁금하였다.

그래서 부처님께 여쭈었다.

"부처님께서 한 말씀도 안 하셨는데 지금 외도는 알아들었다고 하니, 무엇을 알아들었다는 것입니까?"

부처님께서 이렇게 말씀하셨다.

"하루에 천리를 가는 준마駿馬는 채찍 그림자만 보아도 바람처럼 뛰어가고, 명마는 채찍 그림자도 필요 없이 주인의 마음에 따라 움직이지만, 둔鈍한 말은 궁둥이에 피가 나게 때려도 가지 않느니라."

다시 말하면 영리한 사람은 말로 이르기 전에 다 알아차린다는 말씀이며 지금 외도가 그렇다는 뜻이다.

부처님 당시에는 수행인이 근기根機가 수승殊勝해서 여러 말 하지 않아도 이렇게 알아 차렸다.

원래 도道는 분별이 붙으면 외도라 하고 분별심이 끊어져야 비로소 도에 든다고 한다.

부처님께서는 이와 같이 항상 산법을 드러내 주셨으니 이것은 눈 밝은 사람만이 아는 것이다.

자성공양自性供養과 입불이入不二 법문

부처님 당시 유마거사가 병석에 누웠다 하여 제자들에게 문병問病을 가도록 하였지만, 부처님 십대十代제자는 물론 나한羅漢과 보살들도 가기를 꺼려 과거칠불七佛의 스승이신 문수보살께서 문병을 가게 되어 법담法談이 시작되었다.

"유일무이唯一無二 최상지극最上至極의 법문에 어떻게 들어갑니까?"

이것이 유마거사의 질문이었다.

그 답으로 문수보살이 답하였다.

"나의 생각으로는 무언無言ㆍ무설無說ㆍ무시無示ㆍ무식無識이라. 일체 법에는 말이 없고 말한 바도 없으며 보일 것도 없고 또한 알 것도 없음이니 모든 문답을 여읜 것이 불이不二 법문에 들어가는 것이라 하겠소이다."

이것이야말로 언망려절言亡慮絕의 묘치妙致라 언어를 빌려 설할 수도 없고 생각으로도 현시顯示할 수 없는 것이다.

이 이상 그 어떠한 문답도 의논할 여지가 없는 것이므로 문수보살은 유마거사에게 다시 물었다.

"이상과 같이 말하였으니 거사여, 어떤 것이 불이의 법문에 들어가는 것인지 말씀하여 주십시오."

이에 오랫동안 묵묵히 계셨다.

이를 본 문수보살이 "선재善裁 선재善裁라. 문자도 없고 언어까지도 없는 이 묵언默言이야말로 참으로 불이법문不二法門에 들어가는 것이로다." 하고 찬탄하였다.

유마거사가 이 입불이入不二 법문을 설할 때 보살들이 모두 둘이 아닌 불이의 법문에 들어가서 무생법인無生法忍을 얻었다 한다.

진언불출구眞言不出口라, 원래 깨친 도리의 진리眞理는 입을 통해서 나올 수 없는 것이다.

또한 개구즉착開口卽錯이라, 입을 여는 순간 진리의 참뜻은 사라져 버리는 것이다.

그래서 마음心과 마음心, 즉 이심전심以心傳心으로만 주고받을 수 있는 것이다.

부처님께서 아난에게 "설사 억천만겁 동안 나의 깊고 묘한 법문을 다 외운다 하더라도 단 하루 동안 도를 닦아 마음을 밝힘만 못하느니라." 하시고, "내가 아난과 같이 멀고 먼 전생부터 같이 도道에 들어 왔다. 아난은 항상 글을 좋아하여 글 배우는 데만 힘썼기 때문에 여태껏 성불成佛하지 못했지만, 나는 그와 반대로 참선에만 힘써 도道를 닦았기 때문에 벌써 성불成佛하였다."고 하셨다.

성철 스님께서 "설사 시방세계에 가득 차는 음식, 의복, 금은보화로써 시방세계의 부처님께 공양 올리고 천만년 예배를 드리면 그 공덕이 클 것이다. 그러나 이 많은 공덕도 고苦를 받는 중생을 잠깐 도와준 공덕에 비하면 천만 분의 일, 억만 분의 일도 못된다." 하시고, "부처님 제자로서 부처님의 본의本意를 어기고 부처님 앞에만 공양 올리려 한다면 이는 불문佛門의 대역大逆이 되는 것이다." 라고 하셨다.

중생을 돕는 법공양을 버리면, 광대무변한 부처님의 대자대비大慈大悲는 어느 곳에서 찾겠는가?

그렇지만 큰 법공양도 화두만 참구하는 자성공양自性供養에 비교하면, 또 억만 분의 일도 못된다.

"참으로 자성공양을 하는 사람 앞에서는 백천제불의 칭찬은 감히 꿈에도 못하고 3천리 밖으로 물러서지 않을 수 없는 것이다."

왜냐하면 이것만이 생사법生死法에서 벗어날 수 있는 유일한 길道

이기 때문이다.

또한 우리 불자들이 해마다 온갖 방생放生을 많이 하고 있지만, 예로 철鐵이 녹슬면 스스로 제살을 파고 들어가 부식시키듯이 우리도 본래 청정한 자성自性을 번뇌가 오염시켜 죽여가고 있으니 이것도 일종의 살인殺人인데, 이 죄罪로부터 벗어나려면 자기 자성을 살리는 참 방생인 자성공양으로 성불하는 것밖에 없는 것이다.

영명永明 선사께서 "널리 세상에 참선을 권하노니, 설사 듣고 믿지 않더라도 성불의 종자는 심었고 공부를 하다가 성취를 못하여도 인간과 천상의 복은 훨씬 지나간다."고 하셨다.

또한 팔만대장경으로써 전 우주를 장엄하여도 그 가운데 자성自性을 깨친 도인이 없으면 그것은 죽은 송장의 단장에 불과한 것이다. 모든 법의 생명이 자성을 깨치는데 달렸기 때문이다. 자성을 밝히는 선문에서 볼 때에는 염불도 마군이며, 일체 경전을 다 외워도 외도이며 대자비심으로써 일체 중생을 도와 큰 불사를 하여도 지옥귀신이다.

모두 다 생사법生死法이며, 오직 자성을 밝히는 길만이 육도윤회에서 벗어날 수 있기 때문이다.

다음 게송은 무착문희 선사가 오대산에 가서 문수보살을 친견하고 문수보살이 직접 문희 스님에게 설한 법문이다.

若人靜坐一須臾 약인정좌일수유

勝造恒沙七寶塔 승조항사칠보탑

寶塔畢竟化爲塵 보탑필경화위진

一念淨心成正覺 일념정심성정각

"만약 어떤 사람이 잠깐이라도 고요히 앉아 있으면

그 공덕이 항하사 모래수와 같은 많은 일곱 가지 보배로 쌓아

올린 탑塔의 공덕功德 보다 승勝하다.

왜냐하면 보배로 만든 탑은 필경에는 다 먼지로 화化해 버리

지만

한 생각 깨끗한 마음은 곧 정각正覺을 이루기 때문이다."

또한 아래와 같은 옛 조사의 말씀도 있다.

持戒三千却 지계삼천겁

誦經千萬編 송경천만편

不如一食頃 불여일식경

端坐念實相 단좌염실상

"삼천 겁이나 계를 지키고

천만 편의 경전을 독송해도

밥 한 술 먹는 사이에

마음의 실상을 염송하는 것만 못하다."

이 뜻은 선禪은 자기의 주체를 세우는 것이고 화두話頭 또한 자기를 밝히는 열쇠이다.

'이 뭣 고' 하는 화두 속에 부처님의 암호 밀령이 다 들어 있기 때문이다.

조사선 祖師禪

참선하는데 화두를 가지고 참구參究하는 방법과 화두 없이 공부하는 법이 있어 이를 간화선과 묵조선이라 한다.

그런데 어느 쪽이 더 우월한 방법이냐고 물을 때가 있지만, 우열은 없는 것이다. 근기 따라 문門의 차이가 있는 것이다.

중국의 육조六祖 스님 법을 이은 5종宗 가운데 4종이 간화선이고 조동종曹洞宗만이 묵조선이다. 간화선 측에서는 묵조선이 옅은 공부라고 말하지만 그런 것이 아니다.

조동종에서도 많은 조사가 나왔고 그 교세도 일본에서 보면 당당하다. 방법을 가지고 힐난할 것이 아니다. 몸 바쳐서 착실하게 참구하는 것이 요긴한 것이다.

그렇게 할 때 필경 이르는 문은 깨달음, 즉 '각覺'의 문이다.

예전에 어떤 학인이 조사선을 알았다고 하니까 위앙종潙仰宗의 앙산仰山 선사가 물었다.

"어떻게 알았느냐?"

그러자 자기가 안 경계를 대답하는데 이렇게 말하였다.

去年貧 未始貧 거년빈 미시빈

今年貧 是始貧 금년빈 시시빈

去年 無卓錐之地 거년 무탁추지지

今年 錐也無 금년 추야무

"지난해 가난은 가난이 아니라

금년 가난이 비로소 가난이라.

지난해는 송곳 꽂을 땅도 없더니

금년에는 송곳까지도 없도다."

그러니까 그의 사형 되는 스님이 "여래선如來禪 정도는 보았다 하겠지만 아직 조사선祖師禪은 못 보았다."고 하였다.

왜 그러냐 하면 아직도 견해 없는 견해가 붙어 있기 때문에 확실히 깨친 것으로 인정받지 못하는 것이다.

이 말을 듣자 그 사람이 분발심을 내어 3년을 더 공부하였다.

그 후 자기의 허물을 알고 이렇게 말하였다.

我有一機 아유일기

瞬目示伊 순목시이

不會 불회

別喚沙彌 별환사미

"나에게 한 기틀이 있다 하고는

눈을 끔뻑하여 알겠느냐고 한다.

만약 모르겠다고 하면

'사미야!' 하고 어린동자를 부를 것이다."

라고 하였다.

　이 스님은 이제 비로소 조사선祖師禪을 안 것이었다.

　낙포 선사가 아래와 같이 송頌하였다.

一片白雲橫谷口 일편백운횡곡구

幾多歸鳥盡迷巢 기다귀조진미소

"한 조각 흰 구름이 산골짜기 어귀를 막고 있어

둥지 찾아가는 새들이 얼마나 헤매었던가."

　여기서 한 조각 흰 구름은 우리 중생의 무명無明을 말하고, 둥지
는 진여본성眞如本性이며, 새들은 중생들을 가리킨 것이다.

이에 진제眞際 스님께서는 "산승山僧이 보건대 그것은 일변사一邊事만 밝혔지 양변兩邊을 밝히지 못한 것이니, 그 일변을 마저 밝혀 보리라." 하시고 말씀하셨다.

昨夜三更明月下 작야삼경명월하
石人相逢呵呵笑 석인상봉가가소
"어젯밤 삼경에 밝은 달 아래서
돌사람 서로 만나 하하하 웃음이로다."

산승山僧의 이 답처는 모든 부처님의 편에서 밝힌 것이냐, 한 분의 무심도인 편에 서서 밝힌 것이냐?
그러면 필경畢竟에 어떠함인고?

莫爲無心云是道 막위무심운시도
無心有隔一重關 무심유격일중관
"무심의 경계가 진리의 극칙極則이라 이르지 말라.
무심 또한 한 겹의 관문關門이 가리어져 있음이로다."

이는 각자覺者, 즉 깨친 경지에서 만이 나눌 수 있는 소식인 것이다.

화두공안 話頭公案

화두話頭는 자성自性을 깨쳐 들어가는 법칙이다. 이것을 움직일 수 없는 법령法令이라는 뜻에서 공안公案이라고 한다.

또한 화두話頭란 강한 의심에서 정신적 변화를 가져오게 하는 의단疑團이며, 의단으로 주어진 화두는 잘못된 인식의 습관으로 생긴 번뇌煩惱와 망상妄想을 깨우치는 작용을 하면서도 진리의 요체要體를 담고 있다.

또한 그 속에 부처님께서 깨치신 기운이 다 들어있기 때문에 나쁜 기운이 얼음 녹듯이 다 녹아내리게 되는 것이다.

화두는 일천칠백 공안公案이 있는데 예를 들면 "만법귀일萬法歸一 일귀하처一歸何處라, 만 가지 진리眞理의 법法은 하나로 돌아간다 하니 그 하나는 어디로 돌아가는고?" 하는 것이다.

'하나는 어디로 돌아가는가?'를 의심하여 가되 의심한다는 생각까지 끊어진 적적寂寂하고 성성惺惺한 무념처無念處에 들어가야 진아眞我를 볼 수 있는 것이다.

또한 의심하기 위하여 의심하는 것이 아니고, 내가 알고자 하는 것, 즉 모르는 것을 의심하는 것이다.

나옹 선사께서 모름지기 대장부의 마음을 내고 결정된 뜻을 세웠으면 평생에 깨치거나 알려고 한 모든 법과 문장과 언어삼매語言三昧를 싹 쓸어 큰 바다 속에 던져 버리고 다시는 집착하지 말아야 한다.

한번 앉으면 그 자리에서 팔만사천의 온갖 생각을 끊고 본래부터 참구參究하던 화두話頭를 한번 들면 놓지 말고, "모든 법이 하나로 돌아가는데 그 하나는 어디로 돌아가는가?" "어떤 것이 본래면목인가?" "어떤 것이 내 성품인가?" "어째서 개에게 불성이 없다고 했을까?" 이런 화두를 들되 마지막 한 마디를 힘을 다해 들어야 한다.

화두가 앞에 나타나면 들지 않아도 저절로 들려 고요한 곳에서나 시끄러운 곳에서나 한결같을 것이니 이 경지에 이르면 다니거나 멈추거나 앉거나 눕거나 옷 입을 때나 밥 먹을 때나 언제 어디서나 온몸은 하나의 의심덩어리가 되는 것이다.

의심하고 또 의심하면, 부딪치고 또 부딪쳐 몸과 마음을 한 덩어리로 만들어 그것을 똑똑히 참구해야 한다.

화두 위에서 그 뜻을 헤아리거나 어록語錄이나 경전에서 그것을 찾으려 하지 말고, 단박에 깨뜨려야 비로소 집안에 들어가게 된다.

만약 화두가 들어도 들리지 않아 냉담하고 아무 재미가 없으면, 낮은 소리로 서너 번 연거푸 외우다 보면 문득 화두에 힘이 생기게 됨을 알 수 있을 것이다. 그런 경우에 이르면 더욱 힘을 내어 놓치지 않도록 해야 한다.

여러분이 저마다 뜻을 세웠거든 정신을 차리고 눈을 비비면서, 용맹 정진하는 가운데에서도 더욱더 용맹정진하면 갑자기 탁 터져 백천 가지 일을 다 알게 될 것이다.

그런 경지에 이른 사람은 이십년이고 삼십년이고를 묻지 말고 물가나 나무 밑에서 성태聖胎를 기르다 보면 금강권金剛拳도 마음대로 삼켰다 토吐했다 하며 가시덤불 속도 팔을 저으며 지나갈 것이고, 한 생각 사이에 시방세계를 삼키고 삼세의 부처를 토해낼 것이다.

이와 같은 경지에 이르러야 비로소 법신불法身佛의 갓을 머리에 쓸 수 있고, 보화불報化佛의 머리에 앉을 수 있을 것이다.

화두를 드는 요건

첫 번째는 대신근, 큰 믿음의 뿌리이다.

본래 내가 부처임을 확고히 믿고 다음에 스승과 선지식에 대한 믿음, 즉 선지식이 제시한 것을 참구하면 깨달을 수 있다는 믿음이다.

두 번째는 대의단, 큰 의심이다.

만공 스님께서 결제법문을 하실 때 일이다.

꼬마가 법당에 끼웃하면서 들어오는데, 만공 스님이 물었다.

"너 몇 살이냐?"

"다섯 살이에요."

"다섯 살 전에는?"

"네 살."

"네 살 전에는?"

"세 살."

이렇게 묻다가 "한 살 전에는?" 하고 물으니까 꼬마가 대답을 못했다.

갑자기 만공 스님께서, "이번 결제 법문은 이것으로 마치노라." 하셨다.

가장 본질적인 문제를 생각하라는 것이다.

즉 '부모미생전父母未生前 본래면목本來面目'이란 공안公案을 던지신 것이다.

세 번째는 대용맹이다.

용맹심을 내서 해도 안 되는 경우가 있다. 그럴 때는 더욱 분발심을 가지고 해야 된다.

사람들은 다만 하지 않을 뿐이지 능력이 없는 것은 아니기 때문이다.

화두 참구

"어떤 것이 불법입니까?" 하고 물으니, "마 삼 근麻三斤"이라고 대답하였다.

또 다시 묻기를 "어떤 것이 부처입니까?" 하니, "건시궐乾屎橛, 마른 똥막대기이니라." 라고 대답하였다.

이렇게 대답한 도리는 팔만대장경을 다 보아도 해결되지 않는다. 이렇게 알 수 없는 것을 참구參究하는 것이 화두를 보는 공부다.

이것은 사람들이 나쁜 지견과 분별심이 많으므로 그것을 없애려고 이런 말과 생각의 길이 끊긴 '본분本分의 말'을 드러내어 악지악각惡知惡覺을 깨뜨리게 한 것이다.

화두는 생사를 깨뜨리고 곧바로 대도大道을 성취하는 길이므로 거기에는 반드시 본분 종사宗師을 만나 배워야 한다.

개에게 흙덩이를 던지면 개는 흙덩이를 쫓아가서 물고 사자에게 흙덩이를 던지면 사자는 흙덩이를 본 체도 않고 흙덩이를 던진 사람을 가서 문다는 말은 '마 삼 근'을 참구한다든지 '본래 면목'을 찾든지 하면 그 뜻이 삼 서 근이나 본래 면목에 있는 것이 아니라는 말이다.

다시 말하면 그 글자나 말에 뜻이 있는 것이 아님을 알아야 비로소 그 화두의 참뜻을 참구할 줄 안다고 하는 것이다.

그러면 '마 삼 근' 화두를 하는 사람이 어떻게 '마 삼 근'을 떠나서 화두를 참구할 수가 있겠느냐? 하고 생각할는지 모르겠지만 이러한 모든 화두가 흙덩이에 불과한 것이다.

그래도 그 뜻을 모른다면 '마 삼 근'의 뜻은 '마 삼 근'인 것이지, 삼 서 근이 뜻은 아니고 무자의 뜻은 '무無'가 뜻인 것이지, '없다'고 하는 것이 무자의 뜻은 아니라는 말이다.

《금강경》에 이르기를

一切諸佛及諸佛 일체제불급제불

阿耨多羅三藐三菩提法 아뇩다라삼먁삼보리법

皆從此徑出 개종차경출

"일체 모든 부처나 모든 부처들의 아뇩다라삼먁삼보리법은
이 경으로 쫓아 나왔다."

라고 했는데 이 경이 어떤 경이겠는가?

이 경이라 했다고 해서 만일 《금강경》을 생각한다고 하면 그 역시 흙덩이를 쫓아가는 사람이다.

또 고인古人의 말씀 중에

我有一券經 아유일권경

不因紙墨成 불인지묵성

展開無一字 전개무일자

常放大光明 상방대광명

"내게 한 권의 경이 있는데

이 경은 종이와 먹으로 된 것이 아니다.

이 경은 펴 놓아도 글자 하나 없지만

항상 크게 광명을 놓는다."

라는 송頌이 있는데, 그러면 '이 경'이 과연 어떤 경이고, 글자 없
는 경이 광명을 놓는다고 했으니 이것이 무엇을 말한 것일까?

　이 한 물건은 아무런 이름도 없고 아무런 상도 없는 것이어서 일
체 명상名相이 끊어진 것이지만 일체 명상이 끊어졌으면서도 인연
에 따라서는 일체 상相을 다 나타내고, 일체 이름을 다 가진 것이기
도 한 것이다.

　여기서 알아야 한다.

　허운虛雲 화상의 《참선요지參禪要旨》에 다음과 같은 말이 있다.

　心卽是佛 念佛卽是觀佛 심즉시불 염불즉시관불

　觀佛卽是觀心所以說 '看話頭' 관불즉시관심소이설 '간화두'

　或者是說 '看念佛是誰' 就是觀心 혹자시설 '간염불시수' 취

시관심

卽是觀照自心 淸淨覺體 즉시관조자심 청정각체

卽是觀照自性佛心卽性 卽覺卽佛 즉시관조자성불심즉성 즉각즉불

無有形相方所 了不可得 淸淨本然 무유형상방소 료불가득 청정본연

周徧法界 不出不入 無往無來 주변법계 불출불입 무왕무래

就是本來現成的淸淨法身佛 취시본래현성적청정법신불

行人都攝六根 행인도섭육근

從一念始生之處看去 종일념시생지처간거

照顧此一話頭 看到離念的淸淨自心 조원차일화두 간도리 염적청정자심

"마음이 부처이며, 염불念佛이란 곧 관불觀佛이며, 관불은 곧 관심觀心이다.

그러므로 '화두를 보라'고 말했으며, 어떤 이는 '부처를 생각 하는 것은 누구인가?'라고 말했는데 이는 관심이며 곧 자기 마음의 청정한 깨달음의 당체를 관조觀照하는 것이며, 또한 자기 성품의 부처를 관조하는 것이다.

마음이란 곧 성품이며, 깨달음이며, 부처이다.

마음이란 형상과 방향과 장소가 없으므로 마침내 얻을 수 없 는 것이며, 청정한 그대로요, 법계에 두루하여 나온 것도 들

어간 것도 아니며, 가는 것도 오는 것도 아니며, 본래 완성된 청정한 법신의 부처다.

수행하는 사람이 육근六根을 거두어 들여 한 생각이 비로소 일어나는 곳을 쫓아 살피고 한 화두를 비추면 생각을 떠난 청정한 자기의 마음에 도달하게 된다.

다시 면밀히 하고 담담하게 고요히 하고 비추어 보면 곧 바로 오온五蘊이 다 공하고 몸과 마음이 함께 고요하여 마침내 한일도 없게 된다."

밤이나 낮이나 다니거나 머물거나 앉거나 눕거나 한결 같이 하여 날이 더하고 공덕功德이 깊어지면 성품을 보고 부처를 이루어 고통은 없어지고 제도하는 일은 끝날 것이다.

옛 말씀에

古人的公案多得很　後來專講看話頭　고인적공안다득흔　후래전강간화두

如果你要說　看念經的是誰　看持呪的是誰　여과니요설　간념경적시수　간지주적시수

看拜佛的是誰　看喫飯的是誰　간배불적시수　간긱반적시수

看睡覺的是誰　都是一箇樣子　간수각적시수　도시일개양자

"옛 사람들의 공안公案이 많으나 후에 와서는 오로지 화두를

보라고만 가르쳤다.

요점을 말하면 '경을 읽는 것은 누구며 주문을 외우는 것은
누구며

부처님께 절을 하는 것은 누구며 밥을 먹은 것은 누구며

잠을 자고 깨는 것은 누구냐?' 하는 이 모두는 같은 형식의
화두이다."

라고 했는데, 한 생각도 생기기 전에 화두는 이미 이루어진 것이다.

誰字下的答案 就是心 話從心起　수자하적답안 취시심화종심기

心是話之頭念從心起　心是念之頭　심시화지두념종심기 심
시염지두

萬法皆從心生　心是萬法之頭其實話頭　만법개종심생 심시
만법지두기실화두

卽是念頭念之前頭就是心直言之　즉시염두염지전두취시심
직언지

一念未生以前　就是話頭　일념미생이전 취시화두

由此 你我知道 看話頭就是觀心　유차 니아지도 간화두취시
관심

父母未生以前的本來面目　부모미생이전적본래면목

就是心　看父母未生以前的本來面目　취시심 간부모미생이

전적본래면목

就是觀心性卽是心 '反聞聞自性' 취시관심성즉시심 '반문
문자성'

卽是反觀觀自心 '圓照淸淨覺相' 즉시반관관자심 '원조청정
각상'

淸淨覺相 卽是心 照卽觀也 청정각상 즉시심 조즉관야

"'누구냐?' 라는 물음의 답은 마음이니 말은 마음을 따라서
일어나므로 마음은 이 말의 머리요, 생각은 마음으로부터 일
어나므로 마음은 생각의 머리다.

만법이 다 마음으로 부터 생기므로 마음은 만법의 머리이다.

실로 화두는 곧 이 염두念頭이며 생각 전에는 이 마음이다.

곧바로 말하면 한 생각도 생기기 이전에 화두는 이미 이루어
지는 것이다.

때문에 그대와 내가 도를 알려면 화두를 보아야 하며 이것은
곧 관심觀心인 것이다.

부모에게서 태어나기 이전의 본래 면목은 이 마음이다.

그러므로 부모에게서 태어나기 이전의 본래 면목을 본다는
것은 곧 마음을 관하는 것이다.

성품은 곧 마음이며 들음을 돌이켜 자성을 듣는다는 것은 곧
관하는 것을 돌이켜 자기 마음을 관하는 것이다.

원만히 청정한 깨달음을 비춘다는 것은 곧 이 마음이며, 비춤

은 곧 본다는 것이다. 여기에 깨달음의 묘의妙議가 숨어 있는 것이다."

황벽 선사의 뒤를 이은 임제臨濟 선사가 제자들을 가르치고 있었는데, 젊은 스님이 임제 선사에게 물었다.

"스님, 진정한 불법佛法이란 무엇입니까?"

그러자 "철썩!" 하는 소리가 났다.

임제 선사가 젊은 스님의 뺨을 갈긴 것이다.

그리고 땅바닥으로 젊은 스님을 밀쳐버렸고 젊은 스님은 저만치 나가떨어지니, 붉으락푸르락 하는 얼굴로 그는 임제 선사를 노려봤다.

그때 곁에 있던 다른 스님이 젊은 스님에게 "자네는 높은 법문을 듣고도 왜 절을 하지 않느냐." 하였다.

왜 그랬을까? 법法을 묻는 스님에게, 왜 임제 선사는 뺨을 때렸을까? '주먹'은 과연 어디를 향했을까?

순식간에 일어난 화禍는 뭘까? 하는 강한 의구심, '그렇게 일어난 마음이 누구 것인가'를 보라는 것이다.

'본래 내 것인가, 아닌가'를 보라는 것이고, 그게 '변함없이 머무는 실實인가, 아니면 사라지는 허虛인가'를 보라는 것이다.

그런데 내 것도 아니고 실도 아니라면 어찌해야 할까?

버려야 하고, 비워야 하는 것이다.

임제 선사는 그렇게 버리고 비운 자리를 보라는 것이다.

그래서 임제 선사의 '주먹' 은 '법문' 이 되는 것이고 그래서 옆에 있던 스님이 "자네는 높은 법문을 듣고도 왜 절을 하지 않느냐?" 고 물었던 것이다.

설봉 스님이 하루는 어떤 스님이 자기를 찾아오는 것을 보고 쫓아나가 무조건 몽둥이로 다섯 번을 때려주었더니 그 스님이 말하길 "내가 무슨 허물이 있어 느닷없이 이렇게 다섯 번을 때리는 것입니까?" 하고 물으니 이에 설봉 스님이 또 다시 다섯 번을 몽둥이로 때려 주었다.

여기에는 아주 깊은 뜻이 있는 것이다.

이에 대해서 설두 스님이 하신 말씀이, "앞의 다섯 번 때림은 해가 비추고 하늘이 밝음이요, 뒤의 다섯 번 때림은 구름이 일어 비가 내리는 격이다." 라고 표현하였다.

다시 오늘 여기에 그 뜻을 묻는 사람이 있다면 내가 그 사람을 위해 다시 다섯 번을 몽둥이로 때려 주겠다.

알겠는가!

삼돈대방 三頓大棒

"임제의현臨濟義玄 선사가 스승이신 황벽희운黃壁希運 선사의 빰을 때린 소식은 무엇이냐?"는 물음에 서암西庵 큰스님은 "크게 효도하였다."라고 말씀하셨다.

임제 선사가 황벽희운 선사 문하에서 3년여가 되었을 때 그의 근기를 알아본 선방수좌인 목주도명睦州道明의 권유로 황벽 방장스님을 찾아가 "불법佛法의 근본진리根本眞理가 무엇입니까?" 하고 물었는데, 질문이 끝나기도 전에 몽둥이로 임제를 내리쳤다.

임제가 돌아오자 목주가 물었다.

임제가 사실대로 말하자, 목주가 다시 한 번 가서 물어보라고 부추겼다.

이렇게 해서 세 번을 봉棒만 얻어맞았다.

임제는 자신이 하근기라 깨달을 가능성이 없다는 생각으로 황벽 문화를 떠나기로 결심하고 인사를 고하니 고안의 대우大愚 선사에게 가서 가르침을 받도록 일렀다.

임제가 고안에 당도하자 대우 선사는 "어디에서 왔느냐?" 하고 물었다.

선禪에서는 이러한 물음은 공간적인 장소가 아닌 존재의 본래면목을 일컫는 것이다.

이에 임제가 "황벽 문하에서 왔다"고 답하자, "그래 너는 황벽 스님에게 어떤 가르침을 받았느냐?" 하고 물으니, "세 번이나 불법의 근본대의를 물었다가 세 번 다 몽둥이만 맞았습니다. 제가 무엇을 잘못했는지 모르겠습니다." 하니 "실은 황벽 스님이 너를 세 번씩이나 때려준 것은 너로 하여금 모든 집착과 번뇌를 벗어나게 하신 것인데, 너는 그것도 모르고 여기가지 무엇을 얻으러 왔느냐?" 하셨다.

이 소리를 듣는 순간 임제는 홀연히 깨달았다.

이것이 그 유명한 삼돈대방三頓大棒의 유래이다.

여기에서 임제는 "황벽불법무다자黃蘗佛法無多子, 황벽의 불법이라는 게 별 것이 아니구나."라는 오도송을 읊은 것이다.

이에 대우 스님이, "이 오줌 싸게 같은 녀석아, 조금 전에는 아직도 내게 무슨 잘못이 있느냐고 묻더니 이제는 황벽 스님을 무시하니 무슨 깨달음을 얻었는지 당장 말해 보라."며 임제의 멱살을 움켜쥐니 멱살을 잡힌 채로 손을 뻗어 대우 스님의 옆구리를 세 번 쿡 쿡 찔렀다.

이것은 깨친 자로서의 지음知音이라. 즉 선상禪床이나 방장의 둘레를 세 바퀴 돌거나 구타 같은 행위 언어를 함으로써 깨침의 소식을 전하는 것이다.

대우는 임제가 깨달았음을 알아차리고 "너의 스승은 황벽이지 내가 아니다." 하였다.

임제는 고안을 떠나 황벽 선사에게 돌아오니 "네놈은 왔다 갔다만 하니 언제쯤이나 그따위 짓을 멈추려하느냐"라고 호통을 치니 임제는 고안에서 대우 선사와 있었던 일을 상세히 고하였다.

황벽은 "그런 수다스런 영감쟁이 오기만 하여라. 내가 사정없이 두들겨 패주리라." 하니, 이때 임제가 비호처럼 달려가 "뭐 기다릴 것 있습니까? 지금 바로 해치우지요."라며 스승인 황벽의 뺨을 한 대 올려붙였다.

이렇게 해서 임제 선사는 스승에 대한 예를 올린 것이다.

살진사인 방견활인殺盡死人 方見活人
활진사인 방견사인活盡死人 方見死人

"죽은 사람을 죽여 다해야 바야흐로 산 사람을 봄이요,
죽은 사람을 살려 다해야 바야흐로 죽은 사람을 봄이로다."

1947년 한여름 문경 봉암사鳳巖寺에서 향곡香谷, 성철性徹 선사 두 분이서 한가히 앉아 계시다가 성철 선사께서 위 화두에 대하여 향곡 선사께 물으시니 답을 못하셨다.

여기에서 향곡 선사가 큰 분심忿心이 일어 장대 같은 소나기가 오는데도 탑 난간에 기대어 삼칠일 동안 화두 삼매에 들어 정진하던 중 홀연히 자신의 손이 흔들리는 것을 보고 활연대오豁然大悟 하시고,

忽見兩手全體活 홀견양수전체활
三世佛組眼中花 삼세불조안중화

千經萬論是何物 천경만론시하물

從此佛祖總喪身 종차불조총상신

"문득 두 손이 전체가 산 것을 보고

삼세의 모든 부처님이 눈 가운데 꽃이더라.

일천경과 만 가지의 논이 이 무슨 물건인고?

이를 좇아 모든 부처님과 도인이 몸을 다 잃어버림이로다."

라는 오도송悟道頌을 남기셨다.

그 다음에 성철 선사께 위의 화두를 똑같이 물었으나 답을 못하시니 크게 호통을 치시고, 당나라 때 위산潙山 선사에게 앙산仰山과 향엄香嚴 두 제자가 아침마다 문안을 드리는데 하루는 앙산 스님이 문안을 드리자 위산 선사께서 벽을 향해 돌아누우시며 말씀하시기를, "내가 간밤에 꿈을 꾸었는데, 그대가 나를 위해 해몽解夢을 해 보게나." 하시니 앙산 스님이 즉시 밖에 나가서 대야에 물을 떠다가 위산 선사 옆에 놓고 나갔다.

그 다음에 향엄 스님이 들어와 문안 드리니 앙산 스님과 똑같은 말씀을 하시니, 향엄 스님은 즉시 밖에 나가서 정성껏 차茶를 달여와 바치니 위산 선사께서 "나의 두 제자의 신통神通이 목련존자木蓮尊者를 지나가는 구나." 하시며 크게 칭찬하는 화두를 성철 선사께 물으니 답을 못하시자 향곡 선사께서 "그래가지고는 절밥만 치운다." 하시며 멱살을 잡아 대문 밖으로 데리고 나가 "이 법문에 답

을 하기 전에는 대문 안으로 들어오지 못한다." 하시며 문을 잠가
버렸다.

두 분은 동갑내기로 20대부터 둘도 없는 도반이 되어 함께 하였
지만 36세의 젊은 나이에 이처럼 답이 나오지 않아 대문 밖으로 쫓
겨나게 되니 성철 선사께서는 분하고 분한 마음으로 용맹정진 끝
에 마침내 대오견성大悟見性하셨다.

그리하여 한밤중에 큰 돌을 가지고 대문을 치는데 그 소리가 온
산에 울려 퍼지니 잠을 자고 있던 모든 대중들이 깜짝 놀랐으나 향
곡 선사께서는 무슨 뜻인지 척 아시고 대문 앞에 나가 큰 소리로
말씀하셨다.

"일러라! 바로 이르면 문을 열어 주리라."

이에 바로 답이 나오자 두 분이 서로 얼싸안고 춤을 추며 기뻐하
셨다.

이와 같이 서로를 깨침의 길로 들게 한 참으로 훌륭한 도반이 되
신 것이다.

그 후 향곡 선사께서는

石人嶺上吹玉笛 석인영상취옥적

木女溪邊永作舞 목녀계변영작무

威音那畔進一步 위음나반진일보

歷劫不昧常受用 역겁불매상수용

"석인은 산마루에서 피리를 부는데

나무로 만든 여인은 개울가에서 덩실 덩실 춤을 추노라.

위음 왕불 이전으로 한 걸음 더 나아가서

역겁토록 매하지 않고 항상 수용함이로다."

하시며 임종게臨終偈를 남기셨고, 또한 성철 선사께서는 오도송悟道頌으로

黃河西流崑崙頂 황하서류곤륜정

日月無光大地沈 일월무광대지침

遽然一笑回首立 거연일소회수립

靑山依舊白雲中 청산의구백운중

"황하수가 곤륜산 정상으로 거꾸로 흐르니

해와 달은 빛을 잃고 땅은 꺼지도다.

문득 한번 웃고 머리를 돌려서니

청산은 예대로 흰 구름 속에 섰네."

라고 하셨다. 그리고

生平期狂男女群 생평기광남녀군

彌天罪業過須彌 미 천죄업과수미

活陷阿鼻恨萬端 활함아비한만단

一輪吐紅掛碧山 일륜토홍괘벽산

"일생동안 남녀 무리를 속여서

하늘 넘치는 죄업은 수미산을 지나친다.

산채로 무간지옥에 떨어져서 그 한이 만 갈래나 되는데

둥근 한 수레바퀴 붉음을 내뿜으며 푸른 산에 걸렸도다."

라는 임종게臨終偈를 남기셨다.

깨쳤거든 손 하나로 소리를 내봐라

순천 송광사 방장 보성 큰스님께서 일본의 대표적 선지식이었던 백은 선사의 일화를 소개하였다.

깨달음을 얻었다고 여긴 백은 선사는 종횡무진 법문을 설하고 다녔다. 그러다 어떤 거사를 만났다.

그 거사는 '스님이 정말 깨쳤거든 손 하나만 가지고 소리를 내보라'고 말했다.

백은 선사는 할 말을 잃고 말았다. 그 후 그는 피나는 수행을 했다. 비가 오던 어느 날 백은 선사는 아궁이에 불을 때고 있었다.

그런데 처마 밑의 반신은 마르고 처마 밖의 반신은 젖는 것을 봤다. 그리고 크게 깨쳤다.

그때 만약 그 거사가 나에게 물었더라면 당장 한손으로 거사의 대갈통을 후려 갈겨 천둥번개 소리를 내주었을 것이다.

운재천 수재병雲在天 水在瓶

이 화두는 남종선의 청원석두 선사 법계의 거장인 약산유엄 화상과 호남성 예주자사 이고의 선문답에서 유래한 공안空案이다.

약산의 명성을 오래전부터 들어 숭모해 오던 이고 자사가 약산을 직접 찾아갔다.

그때 약산은 마침 경전을 보고 있었다.

시자가 달려와 자사의 내방을 알렸지만 들은 척도 않고 경만 보았다.

기분이 상한 자사 이고가 그냥 돌아가려고 발길을 돌렸을 때 약산은 그때서야 말문을 열어 "자사가 어찌 이렇게 오셨느냐"고 인사를 했다.

이고는 감정을 진정시키고 물었다.

"어떤 것이 도道입니까?"

약산은 한쪽 손으로는 하늘을 가리키고 다른 한 손으로는 방안에 있는 물병을 가리키며, "운재천雲在天 수재병水在瓶이라, 구름은 하늘에 있고, 물은 병속에 있느니라."고 하였다.

이고는 약산의 말을 듣자마자 곧바로 황홀한 오도의 감격을 맛보았다.

약산의 대답은 도道의 경계란 구름은 하늘에 있고 물은 병 안에 있게 마련이듯이, 자연의 이치를 따라 나와 우주가 조화를 이루는 것임을 설파한 것이다.

높은 곳은 스스로 높고 낮은 곳은 스스로 낮다.

우주 만물은 일체가 이처럼 자기 스스로는 전혀 무관심한 가운데 우주 섭리를 따라 존재한다.

물은 병에 넣어야 보관이 되지, 그물 안에 넣으면 모두 새나가고 만다.

구름이 하늘에 떠 있고 물이 병 속에 있는 것은 인간의 의지나 구름 · 물 그 자체의 의사와는 무관한 하늘의 섭리攝理 이고 도道인 것이다.

이고는 '운재천 수재병'의 도리를 깨닫고는 한 수의 게송을 지어 약산 선사에게 바쳤다.

　　鍊得身形 似鶴形 연득신형 사학형

　　千株松下 兩函經 천주송하 양함경

　　我來聞道 無餘說 아래문도 무여설

　　雲在靑天 水在瓶 운재청천 수재병

"앉아 계시는 몰골은 어찌나 공부를 많이 하셨는지 말라비틀
어진 기다란 황새 모가지 같이 하시고
천 그루 소나무 밑에 간경看經 삼매三昧 속에서
내가 와서 도道를 물으니 다른 말씀은 없으시고
구름은 하늘 위에 떠 있고 물은 병속에 있느니라 하시네."

내가 운재천 수재병에 대하여 한마디 해 보면 다음과 같다.

雲是水 水是雲 운시수 수시운

雲水 不二道 운수 불이도

雲水 自去來 운수 자거래

雲是自雲 운시자운

水是自水 수시자수

"구름이 물이고 물이 구름이라

구름과 물의 본래 성품은 하나이다.

구름과 물 서로가 스스로 거래하니

구름은 곧 구름이요

물은 그대로 물이로다."

교류수불류 橋流水不流

위 화두는 1500년 전 부대사傳大士라는 선객이 내놓은 것이다.

空手把鋤頭 공수파서두
步行騎水牛 보행기수우
人從橋上過 인종교상과
橋流水不流 교류수불류
"빈손인데 호미를 들고 있고
걸어가고 있는데 소를 타고 있다.
사람이 다리를 건너가니
다리가 흐르고 물은 흐르지 않는다."

이와 같이 선禪은 기존의 사유체계와 가치 관념을 가차 없이 파
괴하는, 즉 발상전환을 이끌어오는 것이며 마음의 깨침을 통해서
만이 어루만질 수 있는 보고寶庫인 것이다.

　같은 시대의 운문雲門 선사와 한 학인의 선문답이다.

"어떤 것이 제불諸佛이 생겨난 곳입니까?"
"동산수상행東山水上行이다."

위 공안은 산이 물 위로 걸어가는 도리를 알면 해탈이라는 것이다.

물론 우리가 살고 있는 지구도 자전自轉하고 있다. 지구 위에서 보면 이해가 간다는 것이다.

이렇게 선禪은 고정관념固定觀念을 타파하여 새로운 세계로 이끌어가는 길잡이가 되는 것이다.

사탄함마 蛇呑鉿蟆

이 화두는 동산양개 선사와 한 스님과의 대담에서 유래된 것으로 "뱀이 개구리를 잡아 삼키려 할 때 개구리를 구해줘야 하느냐? 아니면 그대로 놔두어야 하느냐?" 하는 선문답이다.

이에 진제 선사께서는 "구해 주면 두 눈이 멀어버릴 것이고, 그냥 두면 형체도 그림자도 안 보일 것이다." 라고 하셨다.

구해 주는 일은 이理(정신·이상)를 버리고 사事(육체·현실)에 떨어지는 것이 되고, 안 구해 주면 사事를 버리고 이理에 집착하는 것이 된다.

이런 모순을 벗어나려면 영혼까지 완전히 비워낸 이사무애理事無礙, 즉 선악善惡을 완전히 초월한 중도中道의 경지에서만이 가능한 것이다.

대도大道는 공空이라는 진리, 우주의 섭리에서 누가 누구를 잡아 먹고 먹히는 먹이사슬의 질서를 파괴하는 것도 용납하지 않는다.

뱀도 생태계에서 하나의 존재存在인데 뱀은 악하고 두꺼비는 선하다는 인간의 분별심分別心은 절대 전리眞理일 수 없는 것이다.

무심無心의 경지에서 볼 때는 말장난에 불과한 것이다.

이 뭣 고

육조六祖 스님께서 법문法文을 하려고 법당에 앉아서 말씀하시기를 "내게 한 물건一物이 있으니 위로는 많은 것을 지탱하고 아래로는 땅을 버텼으며, 밝은데 비유하면 백천 일월보다 더 밝고 어두운데 비유하면 칠통보다 더 어둡다. 큰데 비유하면 천지허공天地虛空을 다 삼켜도 차지 아니하고 작은데 비유하면 티끌보다 더 작아서 보이지 않는다. 그런데 이것은 이름도 없고 형상도 없다. 대중은 이것이 무엇인지 아느냐?" 하고 물었다.

모든 대중들이 다 묵묵부답하고 있는데 신해信海 선사가 일어나서 절을 하고 답하기를 "제불지본원신해각성諸佛知本原信解覺成"이라고 했다.

그러니 육조 스님께서, "내가 이름도 없고 형상도 없다 했는데 너는 왜 이름을 짓느냐?" 하고 되물었다.

이 물건이 무엇이냐 하면 바로 마음心인데, 이 물건은 우리 개개인에게 다 있다.

우리는 마음, 마음 하면서 사실 그것이 무엇인지 모르고 산다.

육조 스님이 말씀하신 "한 물건이 있는데, 이 물건이 무엇인고?" 해서 화두가 된 것이다.

어떤 수행인은 "이 몸뚱이를 끌고 다니는 이것이 무엇인고?" 라고도 하고, 또 "나에게 한 물건이 있는데 머리도 없고 꼬리도 없고 이름도 없고 문자도 없으며 앞도 없고 뒤도 없다. 이 몸뚱이를 끌고 다니는 이것은 무엇인고?" 하기도 하고, "사람마다 모양 없는 참사람이 있어서 일상생활에 쓰고 있으면서도 알지 못하는 이것이 무엇인고?" 하기도 하며, 또 "사대四大는 본래 거짓으로 이루어져서 법을 설하지도 못하고 듣지도 못하며 허공 또한 법을 설하지도 듣지도 못하는데 다만 눈앞에 뚜렷이 밝은 한 물건이 있어서 능히 법을 설하고 듣나니, 이 고명孤明한 이 물건은 무엇인고?" 하기도 한다.

참고로 무문관에서 6년 수행을 성만하신 구암 스님의 '이 뭣고' 화두를 드는 단계에 관한 법문인데, 첫 단계는 별다른 의심 없이 입으로만 중얼거리게 되는데 아직 참구가 일어나지 않는 단계로써 이를 사구死句라 한다.

그러나 이런 사구라도 일념으로 계속 들다보면 깨달음의 소식이 깃들어지고 사구에 생명이 불어넣어져 활구活句가 되는 것이다.

다음 단계가 '이 뭣 고', 즉 '이것' 이라는 대상을 비춰보는 것이다.

"육신이라는 이것이 무엇인고?" "마음이라는 이것이 무엇인고?" "물物이라는 이것이 무엇인고?" 등과 같이 바깥 대상 세계를 잡고 '이 뭣 고' 하는 것인데, 이렇게 열심히 하다보면 바깥 대상 세계의 지혜가 열리게 된다.

그러나 여기까지는 견見의 단계이고 그 다음이 관觀의 단계이다.

화두話頭는 관하는 것이지 견하는 것이 아니다.

견은 육안과 업식으로 보는 것이고, 관은 심안心眼으로 꿰뚫어 보는 것을 말한다.

관은 한 면만 보는 것이 아니라 인연 따라 생겨나는 것을 보며 기울어진 것을 보는 것이 아니라 중도中道를 보는 것이며 절대 평등平等을 보는 것이다.

또 아상我相을 보는 것이 아니라 무아無我를 보는 것이고, 손익과 생사와 선악의 단면을 보는 것이 아니라 모두를 포함한 전체를 보는 것이다.

이것이 바른 관의 단계를 쌓아가는 것이다.

이 단계가 지나면 '이 뭣 고' 의 '이것' 이 바깥에서 주인 자리로 환지본처還地本處, 즉 회광반조廻光返照하게 된다.

'이 뭣 고' 에서 '보는 것이 무엇인고? 비추는 이것이 무엇인고?' 등의 주인자리를 참구하게 되는데 이것이 세 번째 단계이다.

그런데 여기서 '이것이 무엇인고?'라는 화두를 놓고 '이것이 무엇인고?'에 초점을 맞추면 수많은 이해가 열리고 이치가 꿰뚫어지고 지혜가 밝아지고 실상實相의 자리가 열리게 되는데, 이것은 교리적 사변이고 학문적 논리이지 아직 본래 성품性品이 드러난 것이 아니다.

초점을 '무엇'이 아닌 '이것'에 맞추어야 진정한 실상과 주인공인 부처자리가 드러나게 된다. 최상승의 화두는 '이것'에 초점을 맞추어 바로 드러내야 하는 실천수행인 것이다.

이때 자동차를 움직이는 자가 드러나면 거울 속에 비춰진 모습의 내가 아닌 거울에 비추는 진짜 내가 드러나게 되는 것이다.

보고 듣고 움직이고 인식하는 이놈이 무엇인가를 참구해 나가다 보면 진정한 자신의 자리인 불성의 자리가 드러나는 것이다.

즉 이 속에 청정법신비로자나불, 원만보신노사나불, 칠백억화신석가모니불을 비롯하여 삼천대천세계 일체제불을 비롯하여 부처님이 설하신 팔만사천 법문이 다 들어 있으며, 부처님의 암호 명령이 다 들어 있고, 또한 부처님의 지혜와 복덕이 구족되어 있고, 과거 억겁으로부터 지은 업장과 습기를 녹여 주는 용광로이며, 반야인 지혜 광명이 일천 태양보다 더 밝고 밝게 항상 비춰 주고 있고, 크기로는 우주를 머금고 작기로는 겨자씨 속에 머무르는 은밀한 곳이다.

황벽 선사와 배휴

정승 배휴裵休가 어느 절에 들어가 벽화를 보고 그 절 원주院主에게 물었다.

"이것은 무엇입니까?"

원주는 "고승입니다."라고 답했다.

"얼굴은 그럴듯하군. 이 고승이 지금 어디 있습니까?"

원주가 대답이 없자, 배휴는 "이 절에 선승禪僧은 없습니까?" 하고 물었다.

그때 대중 가운데 황벽희운黃蘗希運 선사가 있었으므로 원주는 황벽 스님을 소개해 주었다.

배휴는 황벽 스님에게 조금 전 이야기를 들어 물었고, 황벽 스님은 아까처럼 다시 물어 보라고 하였다.

배휴는 "얼굴은 그럴 듯한데 그 고승은 지금 어디 있습니까?" 하고 묻자, 이때 황벽 스님은 큰소리로 "배 정승!" 하고 불렀다.

배휴는 깜짝 놀라 "예" 하고 대답했고, 황벽 스님이 "어디 있는고?" 하고 물었을 때 배휴는 당장 그 뜻을 깨닫게 되었다.

알겠는가!

병중아 瓶中鵝

남전보원 선사가 그의 속가 제자 육긍대부陸亘大夫와 거래했던 공안이다.

"어떤 사람이 병 속에 거위 새끼를 길렀는데 다 자라서 더 이상 그 속에 있을 수 없게 되었다.

이때 병도 깨지 않고 거위도 다치지 않게 하여 병 속에 있는 거위를 꺼낼 수 있는 방법은 무엇인가?"

어느 기자가 이 화두에 대해서 숭산崇山 선사께 물으니 갑자기 큰 소리 "○○○ 기자" 하고 부르자, "네" 하고 대답하니, "나오너라." 하셨다.

알겠는가!

파자소암 婆子燒庵 ― 암자를 불사르다

옛날 어떤 노파가 한 암주庵主 스님을 공양 하였는데 이십년이 지나도록 한결같이 자기 딸에게 밥을 보내어 시봉하게 하였다.

그러던 어느 날 딸을 시켜 암주를 끌어안고 "바로 이러한 때에는 어떠합니까?"라고 묻게 하였다.

딸이 가서 그렇게 하자 암주가 말하였다.

"枯木倚寒岩고목기한암 三冬無溫氣삼동무온기, 마른 나무가 찬 바위를 의지하니 삼동에 따뜻한 기운이 없구나."

딸이 돌아가 노파에게 그대로 전하였다.

이에 노파가 "내가 이십년 동안 속인 놈을 공양 하였구나!" 하고 암주를 쫓아내고 암자를 불태워 버렸다.

이것이 종문에서 유명한 파자소암婆子燒庵이라는 공안이다.

늙은 할망구가 암자를 불사르고 중을 쫓아낸 법문인데, 피상적으로 볼 때는 그 중이 공에 빠지고 고요함에 머물러서 침공체적沈空滯寂하여 죽는 것만 알고 절대로 여자에게 음심을 내지 않는 것만 알았지 참으로 살아 난 자재한 것을 몰랐기 때문에 할망구가 '속인 놈' 이라고 꾸짖으면서 쫓아냈다고 보는 것이다.

만약 참으로 그렇게 본다면 할망구가 그 암자를 불사르고 중을 쫓아낸 뜻도 영 모르거니와, 또 그 중이 '마른 나무가 찬 바위를 의지하니 삼동에 따뜻한 기운이 없도다' 라고 한 뜻도 절대로 모르는 것이다.

누구든지 공부를 해서 그 할망구가 암자를 불 지르고 그 중을 쫓아낸 뜻을 확실히 알면 일체법과 모든 공안에 조금도 막힘이 없이 전체를 다 통달하게 되는 것이다.

성철 스님께서 "이 공안은 그렇게 아주 깊은 법문이어서 선종에서도 중대하게 취급하는 것이니 피상적 관찰로서는 그 법문의 뜻을 절대로 알 수 없다." 하시며 이 공안에 대해서 한마디 평을 하셨다.

"천 길 얼음 위에 붉은 해가 밝고 밝으며, 일곱 자 지팡이 밑에 푸른 구슬이 구르고 구른다."

이 뜻을 알면 할망구가 중을 쫓아낸 것도 알 수 있고, 중이 답한 뜻도 알 수 있을 것이다.

참고적으로 역사적인 일을 하나 들어보면, 당나라 고종 황제의 황후인 측천무후則天武后는 고종이 죽고 난 뒤에 자기 아들도 죽여버리고 여자로서 천자노릇까지 하였다.

그런 측천무후가 대당大唐에 큰 스님이 많기는 많지만 그 가운데서 누구를 골라서 국사國師로 삼아야 할지 막막하였는데, 생각 끝에 전국에 영을 내려서 큰스님을 몇 분 모셔오라고 하였다.

그때 추천된 스님으로 오조홍인 대사의 제자인 신수神秀 대사와 혜안惠安 선사 두 분이 계셨다.

신수 대사는 홍인 스님 문하의 상수제자上首弟子로 지식이 출중하였지만 자성을 깨치지 못하여서 무식한 육조 스님에게 의복과 발우를 빼앗기고만 분이고, 혜안은 일자무식이지만 수행에 전념하여 실지로 자성自性을 깨친 분이었다.

그리하여 두 스님을 궁중에 청하여 목욕탕에 들어가 목욕을 하시라고 하고서는, 궁녀 가운데 가장 얼굴이 예쁜 궁녀를 두 사람 뽑아가지고 옷을 발가벗기고서는 '목욕하는 스님의 몸을 씻어주라'고 분부했는데 궁녀들이 가지 않으려고 발버둥 쳤지만 천자의 어명인데 어떻게 거역할 수 있겠는가?

할 수 없이 명령을 따라 각각 가서 스님의 몸을 골고루 씻어드리게 되었다.

한편 그렇게 하고서는 측천무후는 목욕탕에 구멍을 뚫어놓고 그 안을 들여다보고 있었다.

두 여자가 각각 스님의 몸을 구석구석 씻어드리니 신수 대사는 동動하는데 혜안 스님은 절대로 동動하지 않았다.

이런 광경을 구멍을 통해 환히 보고 있던 측천무후가 큰스님네의 도력을 스스로 확인하고서는 "산에 올라가 보아야 다리의 힘을 알고 물속에 들어가 보아야 키가 크고 작음을 안다."고 하였다.

그리고는 숭산혜안 스님을 국사로 모시게 되었다.

이 일에 대해서 위산 스님이 "목욕간에서 젊고 앳띤 여자가 몸을 씻겨줄 때는 쇠로 만들어 놓은 부처님도 진땀을 흘리지 않을 수 없다."고 평을 하였다.

참으로 확실히 깨친 도력 있는 스님이 아니면 절대로 동動하지 아니하는 마음을 드러낼 수가 없는데, 그 할망구는 어째서 그러한 중을 '속인 놈'이라고 꾸짖으면서 암자를 불사르고 중을 쫓아냈고, 측천무후는 어째서 두 스님 가운데 절대로 동動하지 아니한 스님을 국사로까지 모셨겠는가?

이 공안에 대해서 임제종의 밀암걸密庵傑 선사가 이렇게 평하였다.

이 노파는 안방이 깊고 멀어서 물샐 틈 없으나 문득 마른 나무에 꽃을 피게 하고 찬 바위 속에서 불꽃이 일게 한다.

이 스님은 외로운 몸이 멀고 아득하여서 익히 큰 물결 속에 들어가되 하늘에 치솟는 조수潮水를 한가히 앉아서 끊고, 바닥에 이르러도 한 방울 물도 몸에 묻지 않는다.

자세히 검토해 보니 목에 쓴 칼을 두드려 부수고 발을 묶은 쇠사슬을 깨뜨림은 두 사람에게 다 없지는 않지만 불법佛法을 말할진대 꿈에도 보지 못하였다.

내가 이렇게 평론함은 그 뜻이 어디로 돌아가는가?

한참 침묵한 후에 이렇게 말했다.

"한 묶음의 버들가지를 거두지 못하니 봄바람이 옥난간 위에 걸쳐놓는다."

우리는 여기서 한 소식 얻어야 한다.

파자波子가 사는 곳은 참으로 깊어 조사도 들어갈 수 없고 물 한 방울, 바람 한 점 들어갈 수 없으나 바짝 마른 나무에 꽃을 피게 하고 차가운 바위 속에서 불이 나게 하는 그런 기술을 가졌다.

또 그 중은 큰 바다에 나가 노는 것을 좋아하여 하늘 닿는 물결 속에서도 아무 힘들이지 않고 저 바다 밑바닥에 이르러도 몸에는 물 한 방울 묻지 않는 그런 기술을 가졌다.

그 두 사람이 그렇게 훌륭한 법을 가지고서 옥獄에 들어가도 유유히 나올 수 있는 재주를 가졌어도 불법은 꿈에도 알지 못하는 멍

텅구리라는 것이다.

이 뜻을 알 것 같으면 파자波子가 암자를 불사르고 그 스님이 그렇게 말한 뜻을 알 수 있고, 또 밀암 스님이 이 법문에 대해 평한 뜻을 분명히 알 수 있다.

성철 스님께서 내가 이 밀암 선사의 염에 대해서 한마디 평을 한다면, "교묘함을 희롱하여 졸렬함이 됨이여. 귀하고 또 천하도다."라고 하였다.

잘한 것은 잘한 것인데 어째서 잘한 것이 졸렬하게 되고, 귀할 것 같으면 끝가지 귀하여야 할 텐데 어째서 귀하지 못하고 천하게 되는 것일까?

임제종의 중봉본中峯本 선사가 이 법문을 송하였다.

"삼동三冬의 마른 나무는 봄볕을 만났고
푸른 꽃받침 찬 꽃송이는 맑은 향기를 토한다.
흰 머리 노파가 인정이 없어
차갑게 꽃나무를 보고 스님을 곡哭한다."

이 중봉본 선사의 게송은 이렇게 한마디로 평할 수 있다.
"큰 상 밑에 반드시 용감한 장부가 있다."
용맹한 장수가 큰 싸움에서 이겨야만 큰 상을 타는 것이지 싸움에서 겁이나 달아나는 사람은 상을 타지 못하는 것이다. 이 뜻을 잘 알아야 한다.

이 법문에 대해서 허당우 선사가 송頌하였다.

"무쇠 벽을 활짝 여니 구름이 조각조각 떠돌고
검은 산을 차내니 달이 둥글고 둥글다.
그 가운데 명암이 서로 침해하는 곳은
하늘 밖에 머리를 내밀어도 누가 보아 알리오."

또 위의 송은 다음과 같이 평할 수 있다.

"은은한 향기는 화로 속에서 나오고
솔솔 부는 맑은 바람은 자리 위에서 일어나네."

또 이 법문에 대해서 박산래博山來 선사가 수창경壽昌經 선사에게서 공부할 때 수창경 선사가 마지막으로 물었다.

"노파가 무슨 수단과 안목을 갖추었기에 갑자기 집을 불사르고 스님을 쫓아내었는가?"

이에 박산래 선사가 이렇게 답했다

"황금에 빛을 더하였습니다."

수창경 선사가 인가하고 법을 전하였다.

이 박산래 선사의 말씀은 곧 "탁한 기름에 다시 젖은 심지를 꽂는다.”고 할 수 있다.

　대중들은 말해보라.

　노파가 집을 불사른 것은 상賞이냐? 벌罰이냐?

　상이라고 하면 암주庵主을 저버리고, 벌이라고 하면 노파를 끌어 묻는 것이다.

　여기는 바른 눈 초군정안超群正眼을 갖추어서 골수를 철저하게 보면 암주를 위하여 설욕할 뿐 아니라 노파와 더불어 경축하는 것이다.

　필경에 어떻게 이 소식을 통할 것인가?

　한참 침묵한 후에 말씀하셨다.

　“암두가 긍정하지 않음이여 덕산의 맏아들이요, 극빈 유나가 쫓겨남이여 홍화의 참 제자로다.”

　암두 스님은 덕산 스님의 제자인데 평생 덕산 스님을 긍정치 아니하고 ‘우리 스님은 아무것도 모른다’고 늘 욕만 했다.

　보통 겉으로는 암두 스님이 참으로 덕산 스님보다 덕이 높아서 자기의 스님을 아무 것도 아니라고 부정한 것으로 보는데, 그렇게 보면 암두 스님을 잘못 본 것이다.

　암두 스님이 덕산 스님을 늘 부정하고 욕하는 것은 덕산 스님의 뜻을 바로 알고 그 법을 바로 받은 사람이기 때문에 그렇게 한다는 것이다.

　극빈 유나가 홍화 스님 밑에 있을 때 법문에 대해 대답을 잘못했다고 하여 대중공양을 하도록 하는 벌을 받고 극빈 유나가 그 돈을 사중寺中에 내놓았다.

그리고서 대중이 공양하는데 나아가 참회하려고 하니 흥화 스님이 '네가 비록 공양은 내었지만 참석할 자격이 없다' 하고서는 몽둥이로 때려 쫓아내 버렸다.

그러나 나중에 극빈 유나가 출세할 때는 흥화 스님의 법을 이은 제자가 되었다.

이 공안의 뜻을 누구든지 사량복탁思量卜度으로써 이런가 저런가, 상인가 벌인가를 따져서는 지옥에 들어가길 화살같이 할 것이다.

오직 참선 공부를 부지런히 하여 확실히 깨쳐야 이 뜻을 분명히 알 수 있게 되는 것이다.

참선參禪해서 성불成佛하는 단계를 살펴보면 불감근佛鑑懃 스님께서

彩雲影裏神仙現 채운영리신선현
手把紅羅扇遮面 수파홍라선차면
急須著眼看仙人 급수저면간선인
莫看仙人手中扇 막간선인수중선
"오색비단 구름 위에 신선이 나타나서
손에든 빨간 부채로 얼굴을 가리었다.
누구나 빨리 신선의 얼굴을 볼 것이요

신선의 손에든 부채는 보지 말아라."

하시고 "신선이 나타나기는 나타났는데 빨간 부채로 낯을 가리었으니 부채를 보고 신선의 얼굴을 봤다고 할 수는 없는 것이라고." 하셨다.

　태고太古 스님 말씀에

　　　漸到寤寐一如時 점도오매일여시
　　　只要話頭心不離 지요화두심불리
　　　"점점 오매일여한 때에 이르렀어도
　　　다만 화두 하는 마음을 여의지 않음이 중요하다"

라고 하셨다. 따라서 '동정일여動靜一如', 일상생활 속에서 가고오고 앉아있거나 말을 하거나 안하거나 변함없이 화두를 놓치지 않아야 하고, '몽중일여夢中一如', 꿈속에서도 일여하여야 하고, '숙면일여熟眠一如', 잠이 푹 들었을 때에도 여여하여야 하는데 잠이 깊이 들어서 일여一如한 경계에서도 원오극근圓悟克勤 선사는 "可惜死了不得活 가석사료불득활, 죽기는 죽었는데 살아나지 못했구나." 하시며 거기서 살아나야 한다고 강조하셨다.

　즉 백척간두百尺竿頭에서 한걸음 더 나아가서 깨쳐야만 그것이 견성見性이라는 것이다.

화엄華嚴의 관법觀法

법장의 《수화엄오지망진환원관》

화엄의 관법은 여러 가지가 있으나 현수법장賢首法藏 스님의 저서로 알려진 《수화엄오지망진환원관修華嚴奧旨妄盡還源觀》의 경우만 살펴보려 한다.

앞의 사종법계 가운데 사사무애법계는 완전한 "향하문向下門"의 세계로, 종교적 회심을 거치지 않고서는 도대체가 파악이 불가능한 대비大悲의 나라이다.

세계가 달라 가슴이 열려 오기까지에는 근원을 파고드는 수행이 필요하다.

《수화엄오지망진환원관》은 향상문向上門에 입각해 있다. 철두철

미 부처의 세계, 깨달음의 세계로 나아가기 위한 것으로 이것을 궁극까지 밀고 가면 사사무애법계가 열린다고 한다. 화엄에서는 관법觀法이라 하고, 천태에서는 지관止觀이라 부른다.

'망진환원' 이란 망념을 남김없이 단멸시켜 본원으로 돌아간다는 말이다. 《수화엄오지망진환원관》은 그 방법을 기록한 것이다. '환원還源' 은 자신이 본래부터 가진 불성으로 돌아간다는 뜻인데 법장은 이 말을 즐겨 쓴다.

다음으로 《수화엄오지망진환원관》의 구체적 내용인 일체一體, 이용二用, 삼편三篇, 사덕四德, 오지五止, 육관六觀 중에서 일체와 이용에 대해서만 알아보기로 한다.

일체一體란 자성청정원명自性淸淨圓明의 체體이며, 그것이 근본적이고 절대적인 본체라는 말이다.

이것에는 본래부터 '더러움' 이 없었다. 아무리 나쁜 짓을 일삼는 사람이라도 이 물건은 더러워지지 않는다. 그리하여 자성청정이라 한다. 이 본체는 널리 어느 곳에나 빛나고 있다. 용用으로서 빛나지 않음이 없기에 원명圓明이라 한다. "어디에나 불은 켜져 있고 어느 물건이나 빛을 발하고 있다. 그러니 원명이라 일컫는 것이다."고 법장은 설명하였다.

그러므로 이 자성청정원명의 체는 수행을 열심히 쌓는다 하여 가치를 올리는 것도 아니고 흉악한 악마노릇을 한다 하여 가치를 떨어뜨리는 것도 아니다. 그러한 특성이 인간의 깊은 근원에 잠자고 있다는 말이다.

《수화엄오지망진환원관》은 보통 화엄에서 말하는 방식과 좀 다르다. 보통 법장이 설하는 방식은 과상현果上現이다. 불과佛果를 얻은 자리에 서서 현현하는 세계를 그려내는 것이다. 사법계의 논법으로 하자면 사사무애법계의 세계를 그리고 있다. 그래서 굳이 소개해 두는 것인데 선禪을 이해하자면 빠뜨릴 수 없는 대목이다.

그 내면에는 《대승기신론》의 '진여자체'를 염두에 두고 있다고 본다.

해인삼라상주海印森羅常主의 용用과 해인삼매

이어서 '체'에 의한 두 가지 '용'을 말할 차례이다.

일체가 끝나면 두 가지 용 '움직임'이 일어난다. 둘이란 다름 아닌 해인삼라상주海印森羅常主와 법계원명자재용法界圓明自在用이다.

전자는 《화엄경》의 해인삼매에 해당하고, 후자는 화엄삼매와 대응한다.

《화엄경》에는 해인삼매를 바다처럼 한 경지에 적어 놓은 깊디깊은 삼매라 풀고 있지만, 《수화엄오지망진환원관》의 '해인' 해석은 독특하게도 그것이 진여본각眞如本覺이라 하고 있다.

《대승기신론》의 영향을 강하게 받았음을 알 수 있다.

"망진심증妄盡心澄, 만상제현萬象齊現"의 상태가 '해인'이라 말하고 있다. 망념이 다하면 마음이 청정해진다. 그렇게 청정해진 경지에 있을 때 만상, 즉 모든 사법계의 존재가 일제히 영현映現하는 것이라고 설명한다.

만상에는 시간적·공간적인 존재 전체가 포함되는데 그러면 과거와 미래도 함께 드러난다.

공간적으로는 지구뿐만 아니라 금성의 자태까지 비추인다. 시간적으로는 무한의 과거에서 무한의 미래가 여기에 현현한다. 그런 상태를 일러 해인삼매라 하는 것이다.

푸른 연못 맑고 시린 물에 둥실한 달이 그림자를 드리우고 있다. 시리도록 맑은 그때, 그러나 그 달 역시 진짜가 아닌 그림자에 지나지 않는다. 손으로 움켜쥘 수는 없지만 확실히 비치고 있는 그러한 상태를 말하는 것이다.

《금강경오가해》에 나오는 야보 스님의 게송으로 다음과 같은 것이 있다.

竹影掃階塵不動 죽영소계진부동
月穿潭底水無痕 월천담저수무흔
"대나무 그림자 뜰의 계단을 쓸어도 먼지 하나 일지 않고,
달빛이 연못을 꿰뚫어도 물에는 흔적하나 남지 않네."

법당 복도 한 끝에 대나무가 자라고 있다. 달이 대나무를 비추면 그

림자가 법당 앞 계단에 드리워진다. 대나무 그림자는 바람이 쏠림에 따라 움직이지만, 계단의 먼지는 조금의 움직임도 없이 여전히 그대로이다. 대나무 그림자가 아무리 빗질해도 먼지는 흔들리지 않는다.

그리고 달빛이 연못을 뚫고 있지만, 그 역시 그림자에 불과하므로 물에 흔적을 남기지 않는다.

삼라 및 만법은 일법—法의 소인所印이다. 그러므로 삼라만상은 모두 해인삼매에 비치고 있다. 뒤집어 보면 해인삼매 속에서 삼라만상이 태어나고 있는 셈이 되며, 우리 지구는 비로자나 삼매 속에서 모두 살고 있는 것이다.

온 대지와 우주宇宙 삼라만상森羅萬象 자체가 바로 비로자나불毘盧蔗那佛의 몸체인 것이다.

선림에서 전해오는 선의禪意를 잘 표출시킨 게송偈頌에 다음과 같은 내용이 있다.

雁過長空 안과장공
影沈寒水 영침한수
雁無遺蹤意 안무유종의
水無沈影心 수무침영심
"기러기 푸른 하늘 나니
그림자 고요한 강물 속에 잠긴다.
그러나 기러기 자취 남길 뜻 없고

강물 또한 그림자 받아들일 마음 없네."

기러기 그림자 남길 뜻 전혀 없고 강물 또한 그림자 받아들이려는 마음 일으킨 바 없건만, 기러기와 강물의 무심함, 바로 그것이 선심禪心이며 무심無心이다.

법계원명자재法界圓明自在의 용과 화엄삼매

이번엔 법계원명자재의 용을 살필 차례이다. 이것은 화엄삼매라고도 불린다. 화엄삼매를 《수화엄오지망진환원관修華嚴奧旨妄盡還源觀》에서는 이렇게 말하고 있다.

　　廣修萬行 광수만행 稱理成德 칭리성덕
　　普周法界 보주법계 而證菩提 이증보리
　　"널리 만행을 닦아서 이理에 맞게 덕을 이루고
　　법계를 빠짐없이 두루 하여 보리를 체증한다."

"널리 만행"은 수많은 수행을 닦아 나가는 것이라 해도 괜찮고 인생의 각양각색 삶의 방식을 두루 해서 가능한 경험은 빠짐없이 맛보는 것이라고도 할 수 있다.

그 결과 이치에 합당하게 자신이 본래 가진 모습을 완성해 나가는 것이다. "덕"은 본연의 자태이다.

그리하여 "널리 법계에 두루 하는"에서의 법계는 사사무애법계로 영적 존재이다. 영적 세계에 자신의 마음을 널리 펴 나가게 하면 보리菩提, 즉 깨달음이 열려 가는 것이다.

덕德이란 득어심지위덕得於心之謂德이다. 마음을 닦아 얻은 진리眞理라고도 한다.

사법계의 틀을 빌리면 "광수만행 칭리성덕"은 이사무애법계의 세계이고, "보조법계 이증보리"는 사사무애의 세계이다. 이사무애에서 사사무애로 전환하는 과정이 화엄삼매라고 정의할 수 있다. 이것을 불성佛性으로 보아도 좋다. 각자가 지니고 있는 불성을 꽃피워서 태어나기 이전부터 갖추어 있는 본연의 모습을 완성하는 것이다.

근본이 하나인 그러한 바탕 체體에서 대체 무엇이 나오는가 하면 모든 존재를 비추어 내는 해인삼매가 우선 나타난다. 그것이 다하면 이어서 화엄삼매로 전환해 나간다.

그것은 우선 "깨달음 체증體證"으로 들어가는 과정이다. 그러나 해인삼매의 깨달음만으로는 아무짝에도 쓸모없다. 자리自利이기 때문이다.

화엄삼매에서 이타利他로 옮겨진다. 이타로 옮아가 사사무애법계에 들어야만 '보리菩提'가 증득된다.

해인삼매가 대지大智라면 화엄삼매는 대비大悲이다. 대지에서 대

비로 전환해야 하는 것이다. 대지에서 대비로 옮아가는 것이 두용
二用이다. 그 바탕에는 자성원명自性圓明의 체인 "원명은 온전히 둥
글고, 모자라거나 남지 않고 흠도 없는 멋진 말이다."라고 하여 그
것이 두 가지 움직임을 열어 보인다.

유정은 생명이 있는 모든 중생을 가리키며, 중생은 생로병사와
인과법칙에서 벗어날 수 없는 것이지만 그러나 무정은 번뇌망상이
다 끊긴 본래의 자성을 말하므로 인과를 초월하고 유무를 넘어 중
도中道인 무아無我, 즉 불타佛陀를 가리킨 것이다.

불생불멸의 상주법계常主法界에는 증감과 거래去來가 영절永絕한 무
진연기無盡緣起가 있을 뿐이니, 이것이 제법諸法의 실상實相이다.

이 무진연기상의 일체 생명은 성상일여性相一如이며 물심불이物心
不二여서 유정有情·무정無情의 구별이 없고 생명은 유정·무정의 총
칭인 것이다.

그러므로 무정설법無情說法을 들을 수 있어야만 생명의 참 소식을
알게 되는 것이니 개개箇箇 생명生命 전체가 절대여서 생멸 거래가
없는 것이다.

무정無情 생명론은 너무 비약적인 것 같으나 유정有情만 활동하는
것이 아니요, 무정無情도 항상 활동하고 있으니 예를 들면, 무정물
을 구성하고 있는 근본 요소인 소립자素粒子들은 스핀Spin(타원형운동)
을 항상 자동적으로 하고 있다. 움직이지 않는 바위들도 간단없이

운동하고 있음을 알아야 한다.

당송팔대唐宋八大 문장가의 한 사람인 소동파蘇東坡는 66세에 불문佛門에 들어와 깨달음을 얻었는데, 소동파가 동림상총東林常總 스님을 찾아가 법法을 청請하자 상총 스님께서 "왜 무정설법無情說法은 듣지 않고 유정설법有情說法만 들으려 하느냐? 저 나무와 돌도 설법을 하거늘."이라고 말씀하셨다.

여기에 천하제일 문장가文丈家인 소동파도 탁 걸려 버렸다. 그래서 이것을 화두삼아 이 한 생각에만 몰두하던 중 계곡을 지나가다가 폭포소리를 듣는 순간 탁 깨치고 말았다.

溪聲便是廣長舌 계성편시광장설
山色豈非淸淨身 산색개비청정신
夜來八萬四千揭 야래팔만사천게
他日如何擧似人 타일여하거사인
"저 흐르는 물소리는 부처님의 다함없는 법문이요
산빛은 그대로 비로자나 몸이로다.
어젯밤 들은 여래의 팔만사천 법문을
다른 날 그대에게 어찌 전할까?"

이것이 소동파의 오도송이다.

성성적적 惺惺寂寂

백장白丈 선사 말씀에 우리가 깨달음을 얻기 위해서는 성성적적惺
惺寂寂하게 참선參禪을 이어가야만 하는데 앉아 있는 가운데 고요하
게 마음을 비우는 것이 적적이고, 화두를 또렷하게 드는 것을 성성
이라 한다.

성성적적하게 공부를 면밀히 이어가면 여러분이 성취하고자 하
는 깨달음을 얻게 되는 것이다.

"먼저 고요함, 적적寂寂으로써 온갖 인연을 잊고 고요히 하여 얽
힌 생각을 다스리고, 또렷또렷함, 성성惺惺으로써 흐리멍덩함을 다
스려 취하고 버린다는 생각 없이 마음이 역력하고 확 트여 어둡지
않게 하여 마음을 거두어 안으로 비추어 보아라."고 하셨다.

우리말로 마음 챙김은 사띠SATI(정념正念)을 말한다. 화두를 놓치지 않고 이어지게 하는 것과 화두를 들고 성성하게 깨어있는 상태는 이 사띠의 기능 때문인 것이다.

나옹懶翁 선사께서는 "한 생각이 일어나고 한 생각이 멸滅하는 것을 생사生死라 하니, 생사에 즈음하여 힘을 다해 화두를 들면 생사가 곧바로 다할 것이다. 생사가 곧바로 다한 것을 적寂이라 하고 적 가운데 화두가 없는 것을 무기無記라 하며, 적 가운데 화두가 어둡지 않는 것을 영靈이라 말하니 공적영지空寂靈知가 부서짐이 없고 혼잡이 없으면 곧바로 이루어진다."고 하였다.

무기성無記性이란, 홀연히 일어나는 들뜬 마음이다.

탐貪 · 진瞋 · 치痴 삼독심三毒心이 가라앉아 자성自性이 청정淸淨하면 닦은 거울이나 맑은 호수나 가을 허공 같지만 무기無記는 탁하고 분별심分別心에 끄달리는 마음을 말한다.

또한 꼭 정定과 혜慧가 쌍수雙修가 되고 본 성품을 여의지 않고 공부해야 참다운 참선이 된다.

왜 그런가 하면 진여불성 가운데는 선정禪定과 지혜와 자비가 원만히 갖추어 있기 때문에 진여불성 자리는 우리 마음이 고향 길로 가는 광명의 등불이기도 하며, 그것은 오직 하나인 생명, 우주에 가득 찬 오직 하나의 광명인 것이다.

그 자리에다 우리 마음을 두는 것, 그것을 가리켜 우리 마음이

지혜에 머물러 있다고 한다. 바꿔서 말하면 우리 마음이 본체에 머물러 있다는 것이다.

우리 마음이 본 성품에 머물러 있다는 것은 이른바 육조 스님의 《단경》 말씀대로 일상삼매一相三昧의 상태라는 것이다.

그 다음에는 그 자리를 느끼고 마는 것이 아니라 그 자리를 앞생각 뒷생각 사이에 틈이 없이 염념상속念念相續으로 지속시켜야만 참다운 진여불성 자리에 들어가는 것이 된다.

참선 공부는 이런저런 방편설을 다 버리고 심즉시불心卽是佛, 이 마음이 곧 부처라는 것을 깨달아야 하는 공부이다.

이 마음이 바로 부처이기 때문에 나무 그러면 나무 그대로 부처이고, 꽃 그러면 꽃 그대로 부처인 것이다.

우주의 실상 그 자리가 바로 진여불성 자리인 것이다.

그래서 깨치고 보면 깨달을 것이 없다는 것을 스스로 확인한 것이다.

또한 유식학唯識學에서 불교수행의 핵심核心은 지관止觀, 정혜定慧에 이르는 것이다.

지止(samatha)는 마음을 멈춘다는 것으로 탐 · 진 · 치 삼독과 번뇌, 분별망상, 집착 등 끊임없이 계속되는 것을 멈추고 말끔하게 비우는 것이다.

관觀(vipaśyanā)은 이렇게 비워서 고요해진 마음을 관찰觀察하는 것이다.

과거에 만들어 놓은 고정관념固定觀念이나 선입견의 울타리에 갇혀, 대상對相을 자신의 색안경을 통하여 관찰하는 마음을 멈추고, 비우고 관觀함으로써 오직 "지금 여기"에 마음을 집중하여, 관觀을 통하여 성성性性의 혜慧에 지止로써 적적寂寂의 고요함에 이르는 것이다.

관觀함에 있어 가장 중요한 것은 관념과 생각이 게재되지 않은 순수한 주시注視가 필요하다. 소리를 들어도 좋고 싫은 소리가 아닌 그저 '들릴 뿐', 무엇을 보아도 그저 '바라볼 뿐', 냄새를 맡아도 그저 '냄새일 뿐', 이와 같이 육근의 모든 감각기관이 오직 '할 뿐'이 되어야 한다.

비운다는 것은 분별망상이 완전히 사라진 텅 빈 자리, 즉 청정심淸淨心을 말하는데, 《금강경》 독송이나 참선, 염불, 주력, 절 등이 지관止觀 수행의 정진을 함으로써 본래 구족되어 있는 자신의 자성불自性佛을 친견, 부처를 이루는 참된 반야바라밀행이 되는 것이다.

정正과 사邪

정正이란 '유有·무無', '있다·없다'를 구분區分하지 않는 것이고, 사邪는 그 반대인 것이다.

부처님께서 유有를 설하신 것은 일체 중생으로 하여금 상相을 보고 선善을 내게 한 것이고, 무無를 설하신 것은 일체 중생에게 상相을 여의고 불성佛性을 보게 한 것이니 말씀하신 색色과 공空 또한 그러한 것이다.

그런데 중생들은 집착하여 유有를 보되 진유眞有가 아니고, 무無를 보되 진무眞無가 아니니 색色을 보고 공을 보는 것도 모두 그렇게 집착하여 단상이견斷常二見을 일으켜 생사生死의 근대根帶를 이루게 되므로 불이법문不二法門을 보이지 않으면 또 장차 미착전도迷錯顚倒하여 생사에 유람하게 되는 것이 전보다 더욱 심하게 될 것이므로 여래께서 또다시 《대반야경大般若經》을 설하여 단상이견을 부숴 일체 중생으로 하여금 진유眞有·진무眞無와 진색眞色·진공眞空이 본래 둘이 아님을 알게 하였다.

공空은 유有·무無를 뛰어 넘는 일체─切이기 때문에 일체가 된다는 것은 구족具足한 것이며 평등함을 말하는 것이다.

　　一片虛明本妙圓 일편허명본묘원

　　有心無心能不知 유심무심능불지

　　鏡中無形是心卽 경중무형시심즉

　　廓如虛空不掛毛 확여허공불괘모

　　"한조각 비고 밝은 것 본래 둥글고 묘해

　　유심·무심으로는 능히 알 수 없네.

　　거울 가운데 형상 없는 이 마음은

　　곧 확연한 허공 같아 털끝만치도 걸리지 않네."

　우리가 수행修行한다는 것은 유·무의 집착執着과 분별심分別心으로부터 벗어나기 위한 것이다.

　　無生亦無滅 無我復無人 무생역무멸 무아부무인

　　永除煩惱障 長辭後有身 영제번뇌장 장사후유신

　　境亡心亦滅 無復起貪嗔 경망심역멸 무부기탐진

無悲空有智 修然獨任眞 무비공유지 수연독임진

"남이 없으니 죽음이 없고 나 없으니 남도 없다.

영원히 번뇌장을 끊고 다시는 몸을 받지 않고,

경계와 마음을 함께 없애 다시 탐진을 일으키지 않고

공과 유에 빠지지 않으므로 홀로 진에 임하네 하였다."

네 눈앞에 있느니라

"눈앞에는 차별된 어떤 법도 없으니, 형상과 마음이 있고 없음의 차별심을 가지고 보면 어디에 있어도 눈앞의 법을 보지 못하느리라."

한 납자가 만공 노사를 찾아뵙고 여쭙기를 "불법이 어디에 있습니까?" 하니, 노사께서 이르시기를 "네 눈앞에 있느니라." 하셨다.

납자는 다시 "눈앞에 있다면 저에게는 어찌 보이지 않습니까?" 하고 여쭈니, 노사께서는 "너에게는 너라는 것이 있기 때문에 보이지 않느니라." 하셨다. 납자는 여쭙기를 "스님께서는 보셨습니까?" 하니, 노사께서는 "너만 있어도 안 보이는데 나까지 있다면 더욱 보지 못하느니라." 하셨다.

　납자가 다시 여쭙기를 "나도 없고 스님도 없으면 볼 수 있겠습니까?" 하니, 노사께서는 "나도 없고 너도 없는데 보려고 하는 자가 누구냐?" 하셨다.

　여기에서 우리 불자佛子들은 중도中道가 부처님이라는 것을 깨달을 수 있을 것이다.

　　夢踏萬境夢無形 몽답만경몽무형

　　月照千江月無心 월조천강월무심

　　無形無心是實相 무형무심시실상

　　夢覺天下月長明 몽각천하월장명

　　"꿈에 만 가지 경계를 밟아도 꿈은 형상이 없고

　　달이 천강을 비치되 달은 마음이 없더라.

　　형상이 없고 마음도 없는 것이 실상이나니

　　꿈을 깬 천하에는 달빛만이 길이 밝더라."

　이 중도실상中道實相을 보는 눈은 맑기가 거울 같아야 하고 밝기가 태양보다 더 밝아야 하는데 그것은 밖에서 얻어지는 것이 아니고 우리 마음자리 본래 모습이 그 맑음이고 밝음이다.

　종경宗鏡 스님이 송頌하시길

報化非眞了妄緣 보화비진료망연

法身淸淨廣無邊 법신청정광무변

千江有水千江月 천강유수천강월

萬里無雲萬里天 만리무운만리천

"보신과 화신이 진짜가 아니고 거짓인줄 알라.

법신만이 청정하여 끝이 없다네.

천강에 물이 있으면 달 또한 천이요,

만 리에 구름 없으면 하늘 또한 만 리네."

하셨다.

법신法身은 공적空寂하여 동動하지 아니하고, 보신報身은 위로도 명합하고 아래로도 응하니 화신은 근기를 알맞게 따른다.

또한 보화報化는 진眞이 아니라 전부 그림자이다. 진을 깨닫고 보면 그림자인 보화는 나지 않는 것이다.

모든 부처님들이 증한 것이 이 법을 증한 것이며 사람이 믿는 것도 이 법을 믿는 것이다. 믿음은 먼 전생부터 익혀 온 것이며 반드시 증證할 것이 있으므로 마땅히 부처의 지혜智慧와 덕德을 이루는 것이다.

또한 법신을 자성신自性身이라고도 하는데, 이는 진여眞如의 체성體性이며 진리眞理의 몸을 말한다. 그러므로 법신은 만법의 체성이며 모든 진리의 의지처이고 중덕衆德, 즉 여러 덕의 집합체인 것이다.

색즉시공 色卽是空 공즉시색 空卽是色

유식학唯識學에서는 제법諸法이 실로 있는 것도 아니고 없는 것도 아니라는 긍정도 부정도 아닌 공空과 유有가 하나라는 중도中道 사상으로 정의하는데, 다시 말하면 물질과 정신이 둘이 아니고 하나라는 것이다.

물질이라고 한 것은 정신이 아닌 모든 유형有形을 말한다.

예컨대 우주에 불의 원소가 충만해 있지만 잠재해 있으니까 없는 것 같지만, 우주에 가득 찬 것이 불이다. 우주에 가득 찬 것이 물이고, 우주에 가득 찬 것이 바람이며, 우주에 가득 찬 것이 흙이다.

그래서 지地 · 수水 · 화火 · 풍風, 즉 유학으로 말하면 금金 · 목木 · 수水 · 화火 · 토土 오행五行이 똑같이 가득 차 있는데 다만 불은 잠재해 있어서 보이지 않을 뿐이다.

그렇기 때문에 나무와 나무를 비벼도 불이 나오고 돌로 돌을 쳐도 불이 나오는 것이다.

만일 불의 원소가 없다면 물질이 아무리 부딪히더라도 불을 볼 수 없는 것이다. 이는 우주에 가득 찬 불이 정신이라면 나무, 돌 등은 물질이 된다.

그런데 물질을 통하지 않고는 그 잠재한 불이 나타나지 못하고 물질과 정신이 맞붙어서 법이 이루어지며, 하나만으로는 법이 이루어진다고 볼 수가 없다.

첨단 과학인 원자물리학原子物理學에서 자연계는 불생불멸의 원칙 하에 이루어지고 있음을 실험적으로 증명하였는데 아인슈타인이 상대성이론에서 등가원리等價原理라는 것을 제시하였다.

이 자연계는 에너지와 질량 두 가지로 구성되어 있는데 고전물리학에서는 에너지와 질량을 두 가지로 각각 분리해 놓고 보았다. 그러나 등가원리에서는 결국 에너지가 곧 질량이고 질량이 곧 에너지이다. 서로 같다는 것이다.

그래서 예전에는 에너지는 에너지 보존법칙, 질량은 질량불변의 법칙을 가지고 자연현상의 모든 것을 설명하였는데 요즈음은 에너지와 질량을 분리하지 않고 에너지 보존법칙 하나만 가지고 설명하고 있다.

즉 질량이란 것은 유형의 물질로서 깊이 들어가면 물질인 소립자素粒子이고, 에너지는 무형인 운동하는 힘이다.

색즉시공色卽是空 공즉시색空卽是色

즉 《반야심경》의 '색즉시공色即是空 공즉시색空即是色'을 말한다.

학자들이 수십 년 동안 연구하고 실험을 거듭한 결과 마침내 질량을 에너지로 전환하는데 성공했고, 그 성공의 첫 응용단계가 원자탄, 수소탄이다.

질량을 전환시키는 것을 핵분열이라고 하는데 핵을 분열시켜보면 거기에는 막대한 에너지가 발생하며, 그때 발생되는 에너지가 바로 원자탄이고, 여기에 수소를 융합시키면 헬륨이 되면서 거기에서 막대한 에너지가 나오는데 이것이 수소탄이 되는 것이다.

그렇다면 이것이 어떻게 서로 통通하고 있는가?

예를 들면 무정물無情物인 바위를 계속 분해하다보면 그것은 분자分子들이 모여 생긴 것이고, 분자는 원자原子가, 원자는 소립자素粒子가 모여 생긴 것으로 결국 소립자뭉치인데 이 소립자는 원자핵 속에 앉아서 시시각각으로 자기 스스로 충돌하여 입자가 생겼다 멸했다 하는 소위 타원형(spin) 운동을 하고 있는 것이다.

또한 크게는 지구의 자전이 지구상의 움직이지 않는 것처럼 보이는 물체들도 움직이게 만드는 것이나, 지구가 태양을 도는 운동이나, 태양이 은하계의 중심부를 도는 것이나, 그리고 은하계 자체가 어떤 미지의 점을 도는 운동 등은 모두가 우주 전체의 생성의 원리에 근거를 두고 있는 것이다. 그것은 어떤 물체이든 지속하기를 그치면 존재하지 않기 때문이다.

연기설 緣起說

　우리가 마음공부를 하는데 있어서 연기설緣起說을 꼭 숙지熟知하여야 한다. 왜냐하면 연기의 원리를 깨달으면 그것이　곧 진여眞如이기 때문이다.

　유식학唯識學과 화엄학華嚴學적으로 설명하자면 중생이 분별分別과 망상妄想으로 인식하는 것을 연기설緣起說이라 하고 또 세속제라고 한다.

　현상 세계의 공성, 즉 연기와 무아를 모르면 우리는 아집, 법집에 따라 세계를 실유의 것으로 생각하고 집착하여 탐욕에 따라 윤회하게 된다.

　연기를 알고 무명無明을 벗어남으로써 마음은 경계의 매임으로부터 풀려난다.

그렇게 경계를 벗어난 마음은 윤회를 벗어나 해탈의 마음인 진여眞如로 깨어난다는 것을 붓다는 강조하셨다.

연기설을 좀 더 구체적으로 설명하자면 깨달음이란 다만 번뇌하고 망상하는 분별적 사유를 끊어버리는 것이다.

그것을 분별없는 지혜, 즉 무분별지無分別智라고 한다.

인식 주관인 능能이 공空하고, 인식된 객관인 소所가 공空하다는 것을 말한다.

중생이 회론回論, 즉 이렇다 저렇다 하여 사량하고 분별하는 그러한 분별적 사유에서 인식된 것은 참다운 실상實相이 아니라 인식 주관 속에서 조작되고 구성된 허망한 상, 즉 허상虛相에 지나지 않는다는 것이 연기설이다.

석가모니 부처님께서 성도成道하신 후 십이인연十二因緣, 즉 우주宇宙 도리道理인 연기론緣起論을 설說하셨는데 이는 우리가 수행修行하는 데 있어서 가장 중요한 것이다. 연기緣起를 모르면 수행修行의 목적目的을 잃는 것과 같은 것이다.

십이인연법이란 무명無明이 던져준 식識은 우리가 깨닫기 전에는 없어지는 것이 아니고 영속한다는 것이다.

인간人間의 생명력 식識은 여러분의 아버지와 어머니의 사랑 속으로 들어가서 이 세상에 아들로 태어나는 인연을 맺었는데, 아버지의 정자와 어머니의 난자가 결합하는 순간 여러분의 식識이 끼어든 것이다.

각자의 이 생의 생명은 여기에서부터 시작하였고 아버지와 할아버지, 그리고 어머니, 할머니도 똑같은 방식으로 이 세상에 태어난 것이다.

이것을 무명의 行행이라고 하고, 식은 어머니의 몸속에서 3~4개월이 되면서 정신적인 요소와 육체적인 요소가 생기면서 명색名色이 자라기 시작하였고, 6~7개월이 되면서 눈, 귀, 코, 입, 몸뚱이가 생겨서 꿈틀거리기 시작하는데 이것을 육입六入이라 이름하고 태어나면서 육근六根이라고 한다.

10개월이 되면 이 세상으로 나오며 첫 작업이 탯줄을 자르는 것인데 새로운 세상과 접촉을 시작한다고 해서 촉觸이라고 이름한다.

탯줄을 자르는 순간 큰 숨을 내쉬는데 이것을 사람들은 고고의 울음소리라고 한다.

세 살까지는 각자의 전생 습관을 본능적으로 흉내 내면서 부모와 형제, 이웃의 보살핌을 받아가면서 사는 것을 수受라고 하고, 대 여섯 살이 되면 사랑과 미움을 알게 되고 따라서 욕심과 성냄이 생기고 게으름과 어리석음이 싹트기 시작한다. 이를 애愛 · 취取 · 유有라고 하는데 이생의 삶의 전부이다. 결국 존재라고 하는 것은 바로 유有로 표현되는데, 새로운 행위를 하고 업을 만들어 가는 것은 모두 집착執着에서 비롯되는 것이다.

각자 몸속에 있는 식은 세 가지의 삼독심과 갈등 속에서 평생을 지내다가 들어간 숨이 당신의 정수리에 있는 숨구멍을 통해서 밖으로 나가 버리는데 이것을 죽음, 즉 노老 · 사死라 한다.

연기라는 것은 인과응보因果應報이며 인과법칙이다.

그 다음에 사람이 다음 생生을 받게 되는 것을 살펴보면, 우리의 본성本性인 성각性覺은 반드시 밝아 있지만 무명無明인 명각明覺은 밝으리라는 생각을 가지고 있어 이 밝음을 선호하는 무명의 주된 힘이 지배하는 중음신中陰是, 즉 업식業識은 자기가 태어나기에 알맞은 부모를 만나는 순간 밝은 빛을 보고 좋은 색色이라는 생각을 발發하게 된다. 이것을 십이인연의 행行이라 하고 이런 생각이 주가 되어서 생각의 본체인 상想을 이루는 것을 십이인연十二因緣의 식識이라 한다.

그래서 자기가 이 세상에 태어나서 자기의 역할과 소임이 있기 때문에 중생이 다음 생生을 받게 되는 주체는 자기 업식業識인 것이다.

이렇게 부모의 연緣을 만난 중음신의 상想은 자신이 남성인 경우 모母에 대해서는 애愛를 부父에 대해서는 증憎을 품은 채 부모의 상을 받아 들여 태胎를 이루게 된다.

또 중생이 몸을 받아 태어나는 길은 태胎 · 난卵 · 습濕 · 화化인데 이렇게 사생四生의 길을 택하게 되는 원인은 정情 · 상想 · 합合 · 이離에 의함이다.

상想과 침울한 정情은 모두 무명無明의 소생으로서 그 농도여하濃度如何가 어느 취趣에 태어나는가를 가늠하게 하고, 이 때문에 합合하여 태어나고 이離하여 태어나는 중생이 끊이지 않고 천류賤流하는 것이다.

그렇다면 우리의 자성自性은 본래本來 청정淸淨하고 부처님과 꼭 같이 구족具足되어 있는데, 십이인연十二因緣을 유도有道하는 무명無明 은 어디에서 오는 것일까?

《기신론起信論》에 "不達一法界故 부달일법계고 忽然念起 홀연 염기 名僞無明 명위무명"이라고 하였는데, 그 뜻은 본래의 입장 에서 보면 모두가 다 하나의 청정 미묘微妙한 법계실상法界實相인데 우리가 그것을 통달通達하지 못했기 때문에 문득 일어나는 한 생각, 그것을 일러 무명無明이라 한다. 이 무명심無明心 때문에 '나'라는 생각이 들어 삼독심(탐·진·치)를 내게 되고 집착심執着心이 생기게 되 는데, 이 무명심을 제거하고 참다운 반야지혜般若知慧에 입각해야 비로소 참다운 수행修行이 되는 것이다.

이 무명은 무상과 무아를 모르는 것을 말한다.

부처님께서 12인연법을 깨닫고 보니 일체중생이 부처님과 똑같 은 지혜와 덕성을 갖추고 있건만 다만 망상에 집착하여 깨달아 증 득하지 못했을 뿐이라고 하셨고, 또한 색色·수受·상想·행行· 식識의 인연이 모여 하나의 육신을 이루었는데, 이 오온五蘊 연기란 육근과 육식이 생기기 전의 나로 출발하여 나라는 아집덩어리가 만들어지면 계속해서 나를 굴리는 작용을 하는 원천이 되는 것이 다.

식識과 지智

우리 불자佛子들이 지향志向하는 수행修行의 과果果인 성불成佛은 식識 (번뇌煩惱)을 지智로 완전히 전환함으로써 이루어지는 것이다.

이 지智는 사지四智로 나누어진다.

- 一. 성소작지性所作知 : 안眼 · 이耳 · 비鼻 · 설舌 · 신身 등 오식五 識이 정화淨化되어 나타나는 지혜
- 一. 묘관찰지妙觀察知 : 제육식인 의식意識이 정화되어 나타나는 지혜
- 一. 평등성지平等性智 : 제칠식인 말나식末那識이 정화되어 나타 나는 지혜
- 一. 대원경지大圓鏡智 : 제팔식인 아뢰야식阿賴耶識이 정화되어 나 타나는 지혜

육조 스님은 사지四智를 게송으로

大圓鏡智性淸淨 대원경지성청정
平等性智心無病 평등성지심무병
妙觀察知見非功 묘관찰지견비공
性所作知同圓鏡 성소작지동원경

"대원경지는 성품이 청정한 것이고

평등성지는 마음에 병이 없음이요,

묘관찰지는 견해를 내세우지 않는 것이고

성소작지는 둥근 거울과 같도다."

라고 하셨다. 즉 사번뇌인 아치我癡·아견我見·아만我慢·아애我愛의 속박에서 벗어난 자아自我를 불지佛智, 즉 원각圓覺이라 하고, 벗어나지 못한 자아를 업식業識이라 한다.

번뇌 煩惱

근본혹根本惑과 그것을 따라 일어나는 지말혹枝末惑의 두 가지가 있는데 다시 성질상으로 나누면 지적知的인 것과 정적情的인 것이 있다.

지적인 것은 사제四諦의 진리에 미迷해서 일어나는 것이므로 미리혹迷理惑이라 한다.

정적인 것은 사물의 형상形相에 미迷하여 일어나는 것이므로 미사혹迷事惑이라 하며, 미사혹은 선천적인 것이라 하여 구생혹俱生惑이라고도 한다.

미리혹은 그 힘이 강하기는 하나 사제四諦(고苦·집集·멸滅·도道)의 진리를 깨닫기만 하면 바로 없앨 수 있으므로 견혹見惑이라 하고,

미사혹은 그 힘이 강력하지는 않으나 갑자기 강하여 없애기 어려우므로 사혹思惑이라 한다.

번뇌는 사번뇌四煩惱로 나누어진다.

유식학唯識學에서는 번뇌의 근원을 말나식末那識에 두고 있으며, 이들 사번뇌는 중도中道의 경지에 있는 무아無我의 진리를 망각忘却하고 전도심顚倒心을 나타내는 작용을 하고 있는 것이다.

첫째는 아치我痴이다. 나我에 대한 무지無知를 뜻하며, 우리가 보통 집착심執着心으로써 내세우는 나가 아니라 그 집착심이 있기 이전의 나를 뜻한다. 이것은 무아無我라고도 하며 진아眞我라고도 한다. 이 나는 진여성眞如性, 불성佛性, 그리고 법성法性과 하나를 이루는 나인 것이다.

본래 본성本性은 자기와 다른 모든 사람은 물론 진리와 불성佛性의 바탕으로서 이를 무아성無我性이라 하며, 모든 생명체를 같은 뿌리로 믿는 불심佛心인 것이다.

이와 같은 나에 대하여 전도된 마음으로 착각하고 집착하는 작용을 치痴라 하며 이를 무명無明이라고도 한다.

무명無明은 곧 무지無知로서 진여眞如인 참나眞我를 망각하고 전도顚倒하는 마음으로 이끌어 가는 역할을 하는데, 이것을 전도심顚倒心 또는 아치我痴라 하고 이 마음이 나타나는 순간을 아집我執ㆍ법집法執이라 한다.

법집은 진리의 법칙法則을 망각하고 이를 집착함을 뜻하며, 아집은 마음속의 진여성眞如性을 망각하고 나라고 고집하는 것을 말한다.

둘째는 아견我見이다. 아견은 아치我痴라는 번뇌가 야기한 후에 곧 나타나는 망견妄見을 뜻하는 것으로, 즉 무아無我의 진리를 망각하고 이에 대하여 집착하는 사견邪見이 나타나게 되는데 이는 번뇌심煩惱心이 아주 고정되어 나라는 집념이 강한 상태를 말한다.

셋째는 아만我慢이다. 아만은 아치의 번뇌에서 아견我見이 생기고, 아견에서 더욱 객관화된 번뇌를 말한다.

즉 나를 밖으로 나타내려는 심리가 싹튼 것이며, 그 생각이 강하여 오직 자기만이 존귀하고 다른 사람은 낮게 보는 태도가 나타나게 되는데 이는 평등한 진리를 망각함과 동시에 집착한 나를 거만하게 나타내는 심리적 작용을 말한다.

넷째는 아애我愛이다. 아애는 마음속의 참나眞我를 망각한 무명으로 인하여 일시적인 가아假我를 설정하여 거기에 탐심貪心과 애착심을 나타내는 마음을 뜻한다.

이와 같이 내가 어리석어 번뇌를 일으키고 그 속에서 헤매고 있는 것이 우리 중생인 것이다.

한 지붕 · 한 생명 · 한 부처

天地與我同根 천지여아동근

萬物與我同體 만물여아동체

"하늘과 땅이 나와 더불어 한 뿌리요,

온누리는 나와 더불어 한 몸이다."

모든 것의 본체는 둘도 아니고 셋도 아니고 오직 하나의 성품이다. 이러한 본체는 곧 불성佛性 자리요, 부처님 성품이다. 참다운 우주의 도리인 동시에 우주의 생명인 것이다.

물리학적으로 본다 하더라도 이 우주는 궁극적으로 광양자光量子, 즉 광자光子로 충만해 있으며 공간성과 시간성도 없는 것이다.

빛이라는 것은 단순히 광선의 뜻으로만 생각하면 안 된다. 빛을 미세하게 분할해 들어가면 광자光子라는 최소의 단위가 되고 이 광자가 모여서 소립자素粒子를 만든다.

1cm의 100억조 분의 1크기인 광자는 초속 30만km를 달리면서 지구와 같은 세계 20~30개씩을 아무런 장애 없이 뚫고 다니고 있는데, 그 원소인 미립자微粒子들은 그 이상의 힘을 가지고 우주에 존재하고 있다.

참고로 현대과학은 반도체회로의 선폭을 10나노미터로 줄이는 기술을 개발 중인데, 1나노미터는 10억분의 1미터, 머리카락을 10만 가닥으로 나눌 수 있는 폭이다.

이 소립자가 인연因緣에 따라 고정화되어서 인간을 비롯하여 천지만물天地萬物을 창조해낸다.

또한 과학자들이 빛을 파장의 개념에서 입자粒子로 규명하여 현재 태양광발전이 실용화되고 있는데, 이것은 앞으로 빛의 입자로부터 엄청난 자원을 창출해 낼 수 있으며, 같은 원리로 바닷물의 입자로부터도 금, 석유는 물론 과즙 등까지도 제조할 수 있는 시대가 오고 있는 것이다.

그리고 고정화되어 있지 않은 빛이 4차원을 넘어선 공간에서는 영靈 혹은 영적 에너지로 존재하고 있다.

이 영적 에너지는 무형無形으로서 생명의 근본이며 창조의 원동력이 되는 불성佛性이고 진여본심眞如本心인 우주심宇宙心인 것이다.

이와 같이 현상계 모든 물질은 원자로 이루어져 있는데 원자는 양성자와 중성자와 전자로 되어 있다.

이 양성자와 중성자를 세분화하면 머리카락 굵기의 1조분의 1인 퀴크Quark인데 백만분의 1초에 양성자와 중성자를 만들어 내고 있다.

현대과학으로는 이 퀴크가 모든 물체를 이루는 최소 단위라고 믿어 왔는데, 최근에는 질량화 되어 있지 않은 힉스Higgs가 있다는 가설을 세워놓고 빅뱅 실험을 하고 있는데 빛의 최소 입자인 힉스를 신의 입자라고 부르고 있다.

우리 불교에서 말하는 자성自性, 법성法性이 힉스와 같은 것으로 부처님이 발견한 공空, 무아無我의 진공묘유眞空妙有사상이 현대물리학에서 하나하나 밝혀지고 있는 것이다.

이렇게 신비스러운 우주 법계 속에서 우리 인간의 구성요소 또한 불가사의할 뿐이다.

우리 인체는 약 100조 이상의 세포로 되어 있으며, 염색체 길이만도 200억km(지구를 50바퀴 돌 수 있는 거리)나 된다. 그리고 우리의 뇌는 약 600억 개 이상의 세포로 형성되어 있고 그 하나의 세포 속에 또 일천억 개 이상의 생명체가 존재하고 있다.

1996년에 단세포생물인 시아노박테리아의 DNA 유전자 정보인 게놈 지도를 풀어보니까 40억년의 역사가 들어있었다고 한다.

태양에서 지구까지는 8분 17초, 명왕성까지는 5시간 걸리는데, 북극성에서 지구까지 오는 데는 천년이 걸린다고 한다. 우리가 밤에 볼 수 있는 은하의 중심에서 끝까지의 거리는 약 5만광년(1광년을 빛의 속도로 1년 거리)이 걸리며 그 은하는 3천억 개로 구성되어 있다 하니 놀라울 뿐이다.

태양의 수명은 약 150억년 정도로 보는데 지금의 나이는 70억년으로 추측하고 있다.

광양자光量子란 무엇인가?

이것은 알 수 없는 우주의 에너지, 우주의 장場 에너지이다. 우주를 구성한 장 에너지가 광명光明같이 빛같이 보이는 것이 이른바 '광양자'라는 말이다.

따라서 물리학적으로 볼 때에는 사실 우주가 모두 빛뿐이고 광명뿐이다.

광양자가 어떻게 결합되어 있는가, 어떻게 진동하고 있는가에 따라서 중성자中性子니 전자電子니 하는 것이다.

예를 들면 원자핵을 중심으로 전자가 하나면 수소이고, 여덟이면 산소가 된다.

그런 것들이 이렇게 저렇게 모여서 산소가 되고 수소가 되고 각 원소元素가 되고, 원소들이 모여서 분자나 세포가 되고 우리 육신이 구성되고 나무가 구성되고 하늘에 있는 달이나 별이 구성된다.

다시 말하면 광명이 어떻게 진동하고 결합되어 사람이 되고 다이아몬드가 되었다 하더라도 그 광명은 조금도 변질이 없고 그 순수한 생명체가 곧 진여불성眞如佛性이며, 영원히 존재하는 하나의 생명체이며, 이것이 바로 부처님 성품이고 참다운 우주의 도리이므로 바로 진여眞如이며, 우주의 본 성품이므로 불성佛性이요, 법성法性이라는 말이다.

따라서 천지우주는 하나의 생명生命이니 진여불성이나 자성불이나 주인공이라 해도 좋다.

그 생명이 바로 광명光明이며, 공덕과 지혜를 갖춘 자리이기 때문에 달도 나오고 해도 나오고 모두가 다 나오며, 나오되 무작정 혼란스럽게 나오는 것이 아니라 인연을 따라서 연기법적緣起法的으로 나오게 되어 있다.

이 세계는 무량한 정토세계이며, 광명장光明藏이면서 공덕장功德藏인 것이다.

부처님 차원의 기운은 우주에 충만해 있어서 어디에 부족하다거나 더 많다는 차이가 없기 때문에 관세음보살을 외우든 나무아미타불을 외우든 '이 뭣 고'를 하든 또는 광명진언光明眞言을 하든 하나인 바로 그 자리라고 믿어야 쓸데없는 시비를 하지 않게 되고 우리의 공부도 차근차근 진전이 되는 것이다.

그래서 상相이 없는 자기, 즉 지혜와 자비가 뭉친 자기가 본래 우리의 성품이며, 반야지혜 자리가 하나의 생명자리인 것이다.

반야는 중도실상中道實相(하나도 얻을 것이 없는 것)이고, 지혜는 두 가지 성품(유무·애증·취사 등)이 공空한 것이며, 이것이 곧 해탈이다.

인간성人間性이나 불성佛性이나 다 똑같은 자리인데 어째서 '인간성이다', '불성佛性이다', '신성神性이다'를 구별하느냐 하면 성인은 알고 쓰기 때문에 불성·신성이라 하고, 우리 범부는 그 자리를 모르고 쓰기 때문에 인간성이 된다.

결과적인 면에서는 인간성과 불성이 둘이 아니다.

단지 쓰는데 있어서 성인은 성性 자리에 앉아서 쓰는 것이고, 범부는 정情 자리에 앉아서 쓰는 것이 다를 뿐이다.

또한 성자聖者와 중생衆生의 차이는 성자는 일체一切를 하나의 생명生命으로 보는데, 중생들은 분별심分別心을 갖고 업장業障의 안경을 쓰고 천차만별千差萬別로 보는 것이다.

이처럼 성性 자리는 본래 명자名字로 얘기할 수 없는 자리인 것이 다를 뿐이다.

결론적으로 말하자면 인간성이나 불성이나 둘이 아닌 것인데 성인은 성 자리를 알고 쓰니까 하루 종일 희·노·애·락·오욕 칠정을 써도 칠정이 없는 데로 돌아가고, 우리 범부는 시공이 끊어진 이 성聖 자리를 모르고 쓰니까 항상 망상에 허덕이면서 고해苦海에 빠졌다가 헤어났다가 하는 것이다.

《금강경》 칠사구게七四句揭에

是法平等 無有高下 시법평등 무유고하
是名阿耨多羅三藐三菩提 시명아뇩다라삼먁삼보리

以無我無人無衆生無壽者 이무아무인무중생무수자

修一切善法 수일체선법

卽得阿耨多羅三藐提 즉득아뇩다라삼먁삼보리

"이 진리가 평등해서 높고 낮음이 없으니

이것을 아뇩다라삼먁삼보리라 하는 것이다.

'나' 도 없고 '남' 도 없고 '중생' 도 없고

'오래 산다는 것' 도 없이 온갖 거룩한 법을 닦으면

아뇩다라삼먁삼보리를 득하게 되느니라."

고 하였다.

　따라서 '귀의불양족존歸依佛兩足尊' 이란 자비와 지혜가 원만히 갖추어진 부처님께 귀의하여 하나가 될 때까지 수행修行이 이루어져야 한다는 것이다.

　경허鏡虛 선사 사자후獅子吼에

驢事未去 馬事到來 여사미거 마사도래

"나귀의 일이 가지 않았는데 말의 일이 닥쳐왔다."

라는 화두話頭를 참구하시다가 하루는 어느 스님이 묻기를

如何是爲 牛則爲 無穿鼻孔處 여하시위 우즉위 무천비공처

"소가 되어도 고삐 뚫을 구멍이 없다 하는데 이것이 도대체 무슨 뜻입니까?"

하자 그 순간 깨달음을 얻으셨다고 한다. 그리고 다음과 같은 오도 송悟道頌을 남기셨다.

忽聞人語無鼻孔 홀문인어무비공
頓覺三千是我家 돈각삼천시아가
六月鷰岩山下路 유월연암산하로
野人無事太平歌 야인무사태평가
"홀연히 사람에게서 고삐 뚫을 구멍이 없다는 말을 듣고
문득 깨닫고 보니 삼천대천세계가 다 나의 집일세
유월 연암산 아랫길에
들 사람 일이 없어 태평가를 부르네."

이렇게 깨닫고 보면 삼천대천세계가 나와 더불어 한 몸, 한 생명 이며 나의 집인 것이다.
그리고 열반송涅槃頌에서

心月孤圓 심월고원
光吞萬像 광탄만상

光境俱忘 광경구망
復是何物 부시하물
"마음 달이 외로워 둥그니
빛이 만상을 삼켰도다.
빛과 경계를 함께 잊으니
다시 이것이 무슨 물건인고?"

하였다.

天地者萬物之逆旅 천지자만물지역려
光陰者百代之過客 광음자백대지과객
浮生若夢爲觀機何 부생약몽위관기하
"우주 천지라 하는 것은 만물이 다 쉬어 가는 객사요,
광음, 세월이라는 것은 백 년 동안 쉬어가는 나그네일 따름이
다.
뜬구름과 같은 삶이 마치 꿈과 같으니 즐거움으로 삼을 것이
얼마나 되겠는가."

  당의 시선詩仙 이백李白이 쓴 〈춘야연도리원서春夜宴桃李園序〉라는
글 중의 일부이다. 이렇게 자연은 유구한데 인간은 뜬구름과 같으
니 이 얼마나 유한한가를 노래한 것이다.

옛 말씀에 공수래空手來 공수거空手去라 했던가. 우리 모두 하늘의 별과 벗 삼아 잠시 머물다 빈손으로 왔다가 빈손으로 돌아가는 나그네일 따름이다.

내 것 네 것이라 이름 짓는 것은 꿈속의 헛소리인 것이다. 그래서 조사의 게송偈頌에서 이르기를 다음과 같이 하였다.

心隨萬境傳 심수만경전
轉處實能幽 전처실능유
隨流認得性 수류인득성
無喜亦無憂 무희역무우
"이 마음 닥치는 대로 굴러가건만
바뀌지는 곳 자기도 실로 모르네.
천만 번 굴러도 하나, 즉 하나의 생명인줄 알면
기쁨과 슬픔에 속지 않으리."

'마음'은 대상, 즉 객체에 의해 움직인다.

그렇게 움직이면서도 마음은 '그윽함'을 잃지 않아야 한다.

외계의 환경을 따라 이리저리 끌려 다니란 소리가 아니다.

마음이 시시각각으로 다가오는 대상을 그대로 용납하면서도 그 마음자리는 유현幽玄해야 한다.

이렇게 사법계의 이치를 깨치면 인간의 감정, 기쁨이나 슬픔·

노여움 · 욕망 등이 눈 녹듯 사라진다.

즉 '그윽한 유幽'인 사사무애법계의 세계가 열리고 마음의 주체와 객체도 나름의 자리를 지키고 있다. 그렇다고 미혹迷惑의 세계가 아니다. 마음도 외적 대상도 자유자재하면서 인간적인 번뇌나 망념을 모두 떨어낸 세계이다.

위 게송은 제22조 마노라摩怒羅 존자가 제23조 학륵나鶴勒那 존자에게 설하여 5백 마리의 학鶴을 제도한 송頌이다.

방거사龐居士와 딸 영조靈照

방거사가 그의 딸 영조와 함께 어느 선사를 찾아가 물었다.

"어떤 것이 불법의 대의입니까?"

선사가 말했다.

"明明白草頭명명백초두 明明祖師意명명조사의, 밝고 밝은 백 가지 풀 끝에 밝고 밝은 조사의 뜻이 있느니라."

"이 선사의 대답을 너는 어떻게 생각하느냐?"

이에 딸 영조는 아버지의 말씀이 끝나기가 바쁘게 대뜸 욕설을 퍼 부었다.

"머리는 희고 이는 누렇게 된 늙은이의 소견이 아직도 그 정도밖에 되지 않다니……."

"그럼 너는 어떻게 생각하느냐?"

영조가 말했다.

"明明白草頭 명명백초두 明明祖師意 명명조사의"

이 대답에 방거사는 머리를 끄덕이며 빙긋이 웃었다.

옛 게송에

長安萬理千萬戶 장안만리천만호

鼓門處處眞釋迦 고문처처진석가

"장안 만 리 천만 집에 두드리는 문마다 나오는 사람

모두가 석가모니 부처님이 아님이 없더라."

라고 하였다. 이렇게 깨치고 보면 일구 일구가 조사의이고, 두두
물물頭頭物物이 진석가眞釋迦인 것이다.

삼법인 三法印

-제행무상諸行無常, 제법무아諸法無我, 일체개고一切皆苦(열반적정涅槃寂靜)

육조 스님 말씀에

無常者 卽佛性也 무상자 즉불성야

有常者 卽一切善惡諸法分別心也 유상자 즉일체선악제법
분별심야

"무상한 것, 즉 항상하지 않음은 곧 불성이며,

항상함이 있는 것은 일체 선악과 모든 것을 모든 사항들을 분
별하는 그런 마음이다."

라고 하였다. 이는 우리중생을 두고 바꾸어서 말씀하신 것이다.
즉 우리 중생은 미迷하여 불생불멸不生不滅이며, 항상恒常하는 진여불

성眞如佛性은 덧없는 무상으로 삼고 유상有常, 즉 덧없고 허망虛妄한 것을 상常으로 늘 있는 것으로 삼아 불성을 여읜 완전히 전도顚倒된 삶을 살아가고 있다는 말씀이다.

변천變遷하면 환상이요, 불변不變이라야 실상이다.

꿈은 있다가도 없어지고 없다가도 다시 생기는 까닭에 환상이라고 한다.

이 몸은 실상이라고 하나 분명히 신진대사新陳代謝를 하고 있다.

꿈의 세계도 그렇다. 꿈이라는 것은 업신業身, 즉 영혼靈魂의 동작인데 깨어있을 때는 생각만으로 헤매다가 잘 때는 업신이 제 몸을 나투어 가지고 육신이 하던 행동을 짓는 것이다.

꿈의 원인은 현상계現象界에서 전오식前五識인 안眼 · 이耳 · 비鼻 · 설舌 · 신身의 오관五官으로 체험한 사물들이 육식六識(意識)으로 선과 악을 분별하고 칠식七識(土識宰)이 판정判定하고, 팔식八識(藏識)이 육식까지의 체험한 사물과 온갖 선악善惡 시비是非의 환경을 촬영하여 갈무리 하였고, 구식九識(白淨識)은 팔식까지를 통할統轄한다.

잠이 들 때에 제일식第一識(眼識)에서 육식까지 작용이 끊어지고, 식심識心이 칠식과 팔식으로 거두어 구식으로 환원하는 작용을 한다.

비유하면 영화를 상영할 때와 같이 칠식은 영사막映寫幕의 작용을, 그리고 팔식은 필름의 작용을, 또 구식은 반사경反射鏡 작용을 각각 하기 때문에 잠이 들면 꿈으로 나타나고 잠이 들기 이전에 환경을 따라서 나타나는 것을 번뇌망상煩惱妄想이라 말한다.

자신의 경험이 없는 일들이 나타나는 것은 이 몸을 받기 이전이나 이 몸을 받은 뒤의 일들이 나타나는 것인데, 그 이유는 구식인 백정식白淨識이 과거와 현재와 미래의 삼세三世를 꿰뚫고 있기 때문이다.

"진리眞理는 불변不變이다. 이 불변의 진리가 수연隨緣하여 만법萬法을 이룬다."고 하였다.

변變하는 것은 전부가 허망한 꿈夢이고 우리 삶 또한 꿈이며, 우리가 잠잘 때 꾸는 꿈은 꿈속의 꿈인 것이며 식識의 놀음이 기도한 것이다.

그런데 이 꿈속에서 마저 벗어나지 못하는 것이 우리의 인생人生이다.

제행무상諸行無常이란 모든 분별적 사유 때문에 생기는 인식 현상은 곧 인식 주관 내에서 회론되어 일어나는데, 그 회론을 일으키는 의식작용意識作用이 바로 행行이다.

모든 분별적 사유 때문에 생기는 인식 현상에 자성自性이 없다 하는 것은 이 행의 작용이 항상 하지 않기 때문이다. 이것을 제행무상이라 한다.

인식 주관이 공空하다 함은 번뇌장煩惱藏을 멸滅하여 얻는 것을 말하며 이것을 아공我空이라 하고, 인식 현상이 공하다 함은 소지장所地藏을 멸하여 얻는 것을 말하며 이것을 법공法空이라 한다.

또한 인식 주관과 인식 현상이 모두 공하므로 모든 인식 현상이 원만한 인식 주체를 법신法身이라 하며, 이 인식주체는 무표색無表色으로 중생처럼 이런 저런 색상色相으로 분별分別하지 않는다.

이렇게 무분별지를 증득證得해야만 허상虛相이 아닌 실상實相을 바로 볼 수 있게 되는 것이다.

제법무아諸法無我란 인식 주관의 연기작용에 의하여 형성되어 드러나는 인식 현상은 허망한 분별심에 의하여 생긴 것이기 때문에 자성自性이 없다고 하는 것을 제법무아라 한다.

존재存在란 인식인데, 무아無我란 이 우주에 독립적으로 존재하는 것은 없고 공동으로 연관되어져 있어 '나'라는 실체가 없다는 것이다.

제법종연생 諸法從緣生 역종인연멸 亦從因緣滅
"모든 존재는 인연 따라 생하고, 또한 인연이 다하면 멸한다."

물질세계의 미세한 입자에서 무아의 관계를 살펴보면 상호 연관되어 존재할 때는 무아이지만 그 연緣이 소멸되어 입자粒子만 남으면 무아는 없어져 버린다. 예를 들면 물이 소멸되면 그 입자인 수소와 산소만 남게 되는 것과 같은 이치이다.

그래서 부처님께서는 우주만유가 터럭 하나 세울 수 없는 둘이 아닌 하나의 절대적인 성품자리를 무아無我라 하셨다.

  이렇듯 존재하는 만물萬物이 끊임없이 변화變化하는 것이 무상이
고 일체개고一切皆苦이며, 변하지 않는 성품자리가 열반적정涅槃寂靜
이다.

실체實體가 없는 시간과 공간

불교에서 보는 공간은 천당으로도 욕계欲界 6천天 · 색계色界 18천天 · 무색계無色界 4천天의 28천당天堂이 있는데, 삼계三界는 생사유전이 쉴 새 없는 미계迷界를 셋으로 분류한다.

욕계欲界에서 욕은 탐욕貪欲이니 특히 식욕 · 음욕 · 수면욕이 치성한 세계이고, 색계色界는 욕계와 같은 탐욕은 없으나 미묘한 형체가 있는 세계이고, 무색계無色界는 색계와 같은 미묘한 몸도 없고 순정신적으로만 존재하는 세계를 말한다.

또한 제일 하천下天인 제일천第一天의 일주야一晝夜가 인간의 오십년이라면 제이천第二天의 일주야는 인간의 일백 년이 되며, 제삼천第三天의 일주야는 인간의 이백 년, 제사천第四天의 일주야는 인간의 사백 년, 이렇게 배倍로 증승增乘하여 무색계사천無色界四天에 올라가면 그곳의 일주야는 인간의 수억만 년이 된다.

그러니까 우리가 볼 때에는 영생이지만 불교에서는 그것을 영생이라 하지 않고 수억만 년을 그 나이로 살고 보면 필경 도로 떨어진다는 말이다.

오직 극락과 천당의 도솔천兜率天 내원궁內院宮(미륵보살이 계신 곳)에 태어나는 것을 영생이라고 한다.

이와 같이 공간의 무한함과 동시에 시간도 소겁小劫 · 중겁中劫 · 대겁大劫으로 나누어진다. 겁劫은 겁파劫波인데 우리말로는 시분時分이란 뜻이다.

일소겁一小劫은 일증감겁一增減劫이 되는데 일증감겁은 십세十歲 정명定命으로부터 팔만사천 세歲의 정명定命에 이르렀다가 1백년에 1년씩 감減하여 팔만사천 세의 정명이 십 세 정명定命이 될 때까지를 말한다.

그래서 이십증감겁二十增減劫은 일중겁一中劫이 되고, 팔십증감겁八十增減劫은 일대겁一大劫이 된다.

이 일대겁이 지나는 동안 무한한 세계가 성주괴공成住壞空을 한 번 마치게 되는 것이다.

즉 이십증감겁을 지나는 동안에 세계가 주住하고, 다시 이십증감겁을 지나는 동안에 세계가 괴壞하며, 또 이십증감겁을 지나는 동안에 세계가 공空하게 된다.

따라서 천지가 한번 났다가 없어지는 운運을 팔십증감겁八十增減劫

이라 한다.

그러므로 몸의 생로병사生老病死 사상이나, 일년에 춘하추동春夏秋冬의 사시四時나, 우주의 성주괴공城主壞空 사상 등은 모두 한 생각이 생주이멸하기 때문에 그렇게 확대되어 벌어지는 것이다.

그렇게 한없는 세계가 성주괴공하는 근원은 축소하면 우리의 생각이 생주이멸하게 되는 것이고, 확대해 보면 팔십증감겁을 지나는 동안에 세계가 한 번 성주괴공을 하는 것이다.

만유萬有는 공적空寂한 데서 음·양 이기二氣로 나뉘고, 이 음·양 이기로부터 갖가지 형상과 질서가 형성되었다. 만유에는 성주괴공成住壞空이 있고, 세월에는 춘하추동이 있어 봄에는 싹트고 여름에는 성장하며 가을에는 무르익고 겨울에는 다시 정적靜寂의 세계가 오는 것이다.

또 중생에게는 생로병사가 있어서 옛것과 새것이 뒤바뀌는 윤회가 있고, 사람의 마음에는 생주이멸生住異滅이 있어 쉴 새 없이 변하는 무상한 세계가 오는 것이다.

그러므로 변하지 않는 자기의 본성을 믿고 닦아서 생멸심生滅心이 끊어지고 진여불성眞如佛性과 하나가 되면 이 세상은 무상하게 윤회하는 세계가 아니라 그대로가 청정법계인 것이다.

天地不能長久在 천지불능장구재
沉且所生天地間 항차소생천지간

堂堂不受陰陽者 당당불수음양자

歷劫多生自在身 역겁다생자재신

"하늘과 땅도 능히 장구하지 못하거늘

하물며 천지간에 생긴 사람이야 말할 것이겠는가.

당당히 음양을 받지 않은 자라야

역겁 다생에 자재한 몸을 이루리라."

즉 법신法身은 음양陰陽으로 나뉘지 아니하고 또한 모든 인연을
따르지도 않는다. 그러나 색신色身은 음양으로 된 것으로 생로병사
가 따르고, 고苦가 있고 무상無常한 것이다.

내일로 미루지 마라

고봉 스님께서 이렇게 말씀하셨다.

此身佛向今生度 차신불향금생도
更待何生度此身 갱대하생도차신
"이 몸 받았을 때 제도하여 불지를 못 이루면
언제 다시 인간으로 태어나 제도하겠는가."

人身難得 佛法難捧 인신난득 불법난봉
"사람 몸 받기 어렵고 불법 만나기란 더욱 어렵다."

사람 몸 받기란 천상天上에서 바늘針을 떨어뜨려 겨자씨(세상에서 가장 작은 씨앗)에 꽂기 보다도 더 어렵다고 했으며, 불법을 만나기란 그보다 더 많은 전생의 인연이 있어야 하고, 그 중에서도 정법正法을 만나서 깨침을 얻기란 참으로 불가사의한 일이라고 했다.

그런데 우리 불자佛子들은 이렇게 최상最上의 불법佛法과 인연因緣이 되었는데도 무엇을 믿고, 어떻게 해야 정법수행正法修行인지를 모르면서 일취생一趣生, 한번 태어났다가 가는 짧은 인생人生인데 기약 없이 내일로 미루고 오늘을 보내고 있는 것이다.

수적석천水滴石穿, 처마 끝 낙수 물방울이 바위를 뚫는다는 말이다. 우리가 무엇을 하든 무한부득無汗不得, 즉 땀을 흘리지 않고서는 어떤 것도 얻을 수 없는 것이다.

우리 생生의 숙제宿提인 생로병사生老病死를 벗어나서 진여불성眞如佛性과 하나를 이루기 위해서는 지금 이 찰나刹那를 절대 놓치면 안된다.

'사우명시견미타死牛鳴時見彌陀' 라는 말이 있다.

빈둥빈둥 놀다가 죽어서 소가 된 뒤에 피눈물을 흘리면서 후회한다는 말이다. 소가 되어서야 공부하지 않은 것을 후회하면서 아미타불을 불러 보려 하지만 할 수가 없는 것이다. 속으로 아무리 '아미타불' '아미타불' 할런지는 모르지만 나오는 소리는 '음메' 소리뿐인 것이다.

옛 말씀에

智者只今猛提趣 지자지금맹제취
莫待天明失却鷄 막대천명실각계
"지혜 있는 이는 지금 용맹을 다해 정진하여
날이 밝기를 기다려 닭이 울 때를 놓치지 말라."

고 하였다. 우리는 항상 때를 놓치지 말고 찰나, 찰나 최선을 다해
야 할 것이다.

무소유 無所有

爭側不足 쟁측부족 讓側有餘 양측유여

"다투면 부족하고 양보하면 남는다."

위 선문답禪門答은 "어느 큰 부잣집에 큰 쇠솥이 하나 있는데 그 솥의 밥은 세 사람이 먹어도 부족한 반면 천명이 먹어도 남는다는 데 어찌된 일입니까?" 하는 질문에 대한 답이다.

옛날 어릴 적에 어쩌다 친구들과 싸우다 코피를 흘리며 집에 오면 어디 더 다친 데는 없느냐 하시며 팔 부러지지 않은 것만으로도 안심하신 듯, "그래 그만하니 다행이다."라고 하시던 어머니 말씀이 생각난다. 그렇지만 그 속마음이야 얼마나 아프셨겠는가?

우리 모두가 더 쌓아놓고 더 채우고 붙잡지 못해서 또 놓치지 않으려고 발버둥 치며 사는 것이 우리 인생이다.

어느 날 원숭이 한 마리가 밭으로 내려와 콩을 배부르게 먹고는 양손에 콩을 가득 쥔 채 산으로 돌아가는 길이었다. 그런데 실수로 한 알의 콩을 떨어뜨리자 원숭이는 한 알의 콩을 주우려고 그만 두 손을 펴고 말았다. 마침 놀러 나왔던 꿩과 닭들이 떨어진 콩알을 모두 주워 먹어 버렸다.

우리는 한 알의 콩 때문에 두 손에 쥔 콩을 놓쳐버린 욕심 많은 원숭이가 되지는 말아야겠다.

야운 스님이 쓴《자경문》의 첫 구절에

三日修心千載寶 삼일수심천재보
百年貪物日朝盡 백년탐물일조진
"비록 삼 일 동안 닦은 마음공부는 천년의 보배요,
백 년 동안 벌어들인 재물은 하루아침에 없어지는 먼지와 같은 것이다."

라는 말이 있다.

마음을 완전히 비워내 모든 것을 포용할 수 있는 허공과 같은 상태가 역설적으로 가장 풍요로운 심족心足이다.

이러한 심족의 경지에는 다툼이 일어나지 않는다.

왜냐하면 허공은 일체一切를 다 소유하고 있기 때문이다.

세속적으로는 범부凡夫가 가장 큰 만족을 얻을 수 있는 지름길은 소욕지족小慾知足이다.

우리는 흔히 선사禪師들의 심지법문心地法門을 자포자기식으로 여기는 경우가 많지만 진정한 선禪은 현실을 버리고 이상理想에 치우치는 현실도피를 완전히 거부하는 것이다

다만 선사들은 성계聖界와 속계俗界를 출입하는 입진입속入眞入俗이 자유로울 뿐이고 자신이 살고 있는 현실세계現實世界를 허무한 것으로 부정해 버리지도 않는다.

거지 성자聖者라 일컫는 독일인 페터노이야르 씨의 이야기를 들어보면 철저한 무소유를 실천하기 위해 거의 30년 동안 그는 새벽 4시에 기상해 야생 식용 잡초를 구해 식사를 대신했고, 2~3일에 한 번씩 무공해 식품 가게에서 유통기간이 지난 음식을 구해 주식主食으로 삼았다.

때론 자신의 행색 때문에 불량배들에게 위협을 당하기도 했지만 그러나 그는 그들을 원망하거나 질책하지 않았다.

많은 사람들이 그를 어떻게 생각하고, 어떻게 보는 가는 그에게 중요하지 않았다.

예로 불은 연료를 공급하면 계속 타오르지만 연료공급을 중단하면 꺼지게 된다. 적대감도 마찬가지다. 적대감을 갖고 상대를 대

하면 연료를 공급받는 불과 같이 활활 타오르게 되지만, 이해와 포용으로 대하면 갈등과 대립은 저절로 사라지게 되는 것이다.

그가 가진 것은 낡고 낡은 누더기를 두른 것이 전부이지만 그에게는 부족함이 없다. 이는 가진 것은 없지만 가지려는 마음이 없으니 또한 부족함이 없는 것이다.

이것이 진정한 소욕지족所欲知足이 아니겠는가.

하늘을 나는 새가 잠자리·먹을 것 걱정하며, 사자가 들에 먹을 것 쌓아놓고 내일을 걱정하던가.

많고 적음을 떠나 소유所有하되 소유에 집착執着하지 않고, 행行하되 행에 아상我相이 없는, 즉 그림자를 남기지 않는 그러한 행이야말로 진정한 성인聖人의 무소유 삶이라 할 수 있을 것이다.

견서사자게 堅誓獅子偈

　무수겁無數劫 전에는 사자獅子도 말을 할 수 있던 때가 있었다. 벽
지불辟支佛, 즉 아라한도阿羅漢道를 성취한 도인道人의 설법장에 금색
찬란한 털을 가진 금모사자金毛獅子가 공손히 무릎을 꿇고 앉아 법문
을 듣고 있었다. 마침 한 포수가 사냥을 나와서 설법장소를 지나가
던 중 금모사자를 보고, "내가 저 사자를 잡아 금색 찬란한 털을 왕
자에게 바치면 큰 상을 받을 것이다."라고 생각하였으나 괴력을 갖
추고 힘이 쎈 영험 있는 금모사자를 함부로 잡을 수가 없기 때문에
꾀를 내었다.

　포수가 머리를 깎고 가사를 빌려 입고 독毒이든 화살촉을 숨겨서
금모사자 옆에 앉아 같이 법문을 듣다가 독촉으로 옆구리를 찔러
버렸다.

온몸에 독이 급속히 퍼져나가자 노여움과 사무치는 진심嗔心 때문에 한순간에 가사 입은 포수를 덮쳐서 죽일 수도 있었지만, 포수가 가사를 입고 있으므로 "방삼보계誇三寶戒(불법승삼보佛法僧三寶를 비방하지 말라)"라는 계 법문이 생각나 그럴 수가 없었다. 그때 금모사자가 죽어가며 읊은 슬픈 노래가 '견서사자게' 이다.

願自喪身命 원자상신명
終不起惡心 종불기악심
向於壞色服 향어괴색복
"원컨대 내 목숨이 끊어진다 해도
상대 특히 가사장삼을 입은 사람을
해치고자 하는 악심惡心을 품지 않겠습니다."

삼조승찬三祖僧璨 선사는 《신심명信心銘》에서

至道無難維嫌揀擇 지도무난유염간택
但莫憎愛洞然明白 단막증애통연명백
"지극한 도道를 이루는 것은 어려움이 없으나 오직 따지고 가리는 것, 즉 버리고 취하는 것이 허물이다.
다만 미워하고 사랑하는 마음만 없게 할 수 있다면 확연히 밝아지리라."

고 하였다.

간택은 일체선악 시비를 분별하는 분별심으로부터 오는데 이 간
택은 집착을 낳고 속박과 얽매임으로 이어져 영구永久히 미망迷忘으
로 떨어지는 원인이 되는 것이다.

그러나 증애심憎愛心은 마음속의 팔만사천 번뇌 가운데 가장 근본
이 되는 것이기 때문에 이 증애심만 완전히 떨쳐버리면 대오大悟해
서 무심無心(자성自性이 청정한 것)을 성취成趣하는 기본이 되는 것이다.

우리의 일상생활 속에서 증애심은 물론 남을 시기하고 미워하며
헐뜯고 비방하는 것을 전부 떨쳐버리기란 쉬운 일이 아니다.

《화엄경華嚴經》에

佛法只在世間中 불법지재세간중
離世覓佛求兎角 이세멱불구토각
"우리가 살고 있는 세간 속에 불법佛法 아닌 것이 없다.
만약 세간을 떠나서 불법을 찾는 것은 뿔난 토끼를 찾는 것과
같은 것이다."

라고 하였다. 그리고 다음과 같은 옛 말씀이 있다.

山中禪定無爲難 산중선정무위난
對境不動是爲難 대경부동시위난

"산중에서 선정에 들어 수행하는 것도 어려운 일이지만
그보다 더 어려운 것은 우리가 세간에서 매순간 일체경계一切
境界에 부닥칠 때마다 거기에 물들지 않고 부동심不動心을 내어
치우치거나 흔들리지 않는 것이다."

이러한 것은 작게는 우리의 삶속에서 얻어지는 하나하나 작은
깨달음이 모여 큰 깨달음으로 이루어지게 된다는 것이며, 또한 크
게는 "심원해자심애호深怨害者深愛護, 가장 나를 해치는 사람을 가장
섬긴다."는 것이 부처님 근본 사상이고 불교의 자비정신慈悲精神이
다.

그런데 증오憎惡에 대한 피血의 그리스도교 역사歷史를 예例로 들
어보자면, "건물 없는 교회" 즉 산이건 들이건 뜻 맞는 사람 만나
는 곳이 예배당이라며 충북 충주 엄정면 추평리 한 초라한 농가를
손질하여 집필실로 쓰고 있는 이현주 목사님은 스승인 고 변선환
(1927~1995, 전 감신대학장) 박사가 "교회 밖에도 하나님의 구원이 있
다."는 과격한 발언을 했다가 교단에서 파문 당하자, 그 자신도 교
단을 떠나 지금까지 야인으로 살고 계신 참신한 맛을 주시는 분이
라 생각된다.

보조국사 어록인 《초발심자경문初發心自警文》에 "財色之禍재색지
화는 甚於毒蛇심어독사하니 省記知非성기지비하여 常須遠離상
수원리하라"는 말이 있다.

"재물과 여색의 화는 뱀의 독보다도 더 심하니 항상 자신의 마음 자리를 관하여 그릇됨을 밝혀 이를 멀리 하도록 하라."는 말씀이 다.

수행자에게는 재물은 첫 번째 경계대상이란 뜻이다.

衣泉瘦骨露 의천수골로
屋破看星眠 옥파간성면
"옷이 다 떨어져 기워 입을 수도 없게 되면 자연히 떨어진 옷 사이로 하얀 무릎 살이 드러나게 되고, 가난하고 가난하여 지 붕이 썩어서 구멍이 나면 방에 누워서 하늘의 별을 보며 잠을 잔다."

이것이 수행자들이 가져야 할 청빈의 삶인 것이다. "건물 없는 교회"와 뉘앙스가 약간 다른 뜻이지만 공감共感이 가기 때문에 적 어보았다.

예수는 오른쪽 뺨을 맞거든 왼쪽 뺨을 내놓으라고 했는데 부처 님은 아상我相을 버리는 것이 불교의 시작이자 끝이라고 했다.

이 말씀은 "나我라는 것이 없는데 왼쪽과 오른쪽이 어떻게 있을 수 있겠는가?"라는 것이다.

그렇다면 기독교와 불교의 차이는 무엇일까?

"기독교는 전변설轉變設이다. 진리眞理의 근원, 진리의 창구가 하나님 한 분이라는 것이다. 반면 불교는 연기설緣起設이다. 즉 근원의 자리가 어느 곳에나 보편해 있다는 것이다.

그래서 기독교의 진리는 너무 멀어서, 불교의 진리는 너무 가까워서 사람들이 보기 어렵다는 것이다.

다음 글은 위 이현주 목사님이 2007년 8월 4일에 세계일보 초대석의 대담 기사이다.

기독교인들이 중시하는 십계명에는 '나 이외에 다른 신을 섬기지 말라' 는 구절 때문에 기독교 이외의 종교는 모두 미신이나 이단으로 치부되고 있다고 들었습니다. 이 때문에 역으로 기독교도 비기독교인이나 이웃 종교로부터 배타적이라는 오명을 쓰고 있어요. 과연 이 구절에서 말하는 '다른 신' 은 타종교가 믿는 모든 신앙의 대상을 구체적으로 명기한 것인지요?

"벌써 3000년도 넘은 유대나라 계명이 왜 오늘날에도 금과옥조로 지켜지는지 모르겠습니다. 기독교인이라면 십계명보다 예수의 가르침을 더 따라야 합니다. 예수는 "우리 아버지는 하나님 한 분밖에 없다."고 가르치셨습니다. 아버지가 한 분이라는 사실이 진리眞理라면 어찌 종교가 다르다고 너와 내가 남남일 수 있겠습니까? '다른 것' '타자' 는 생각할 수도 없지요. 예수에게는 타자가 없었습니다. 예수가 와서 그 생각을 바꾸어 놓았던 거지요.

그런데 그를 스승으로 모시는 기독교 신자들이 아직도 이것을 이해하지 못하고 있습니다. 예수의 법은 모세의 법과 다릅니다. 모세는 이는 이로, 눈은 눈으로 갚아야 한다고 강조했지만, 예수는 오른뺨을 맞거든 왼뺨을 내놓으라고 했어요. 복수를 하지 말라는 뜻입니다.

그런데 어떻습니까? 오늘날 기독교 신자들이 모두 복수를 택하고 있는 것 아닙니까?"

이것이 그분의 답이다.

또한 예루살렘의 역사를 살펴보면, 이곳엔 통곡의 벽(유대교)이 있고, 성묘교회(기독교)가 있으며, 오마르사원(이슬람교)이 있다.

3대 유일신唯一神교의 성지聖地인 예루살렘을 기원전 3000년경 가나안 부족은 '우루살림(평화의 도시)'이라고 불렀다.

술탄이 통치하던 시절 예루살렘에는 이슬람과 유대인이 공존했고 기독교 순례자들을 마다하지 않았다.

그러나 1095년 교황 우르바누스 2세가 '그리스도의 군대'를 소집한 이래 이곳은 증오의 피로 물들었으니 "기독교의 성지를 이슬람 치하에서 해방시킨다."는 십자군 전쟁은 서구인들에겐 원정遠征이었으나 이슬람에겐 명백한 '침략전쟁'이었다.

그 속내는 복잡하다. 교황은 유럽 기독교 세계의 헤게모니를 장악하고자 했다. 중세 기사들에게 그것은 모험과 약탈, 정복의 기회였다. 그것은 종교전쟁이면서 동시에 권력과 탐욕의 세속전쟁이었다.

십자군은 그들의 성전聖殿에서 거리낌없이 이교도異敎徒들을 살육했다.

예배당에 피신한 유대교인들을 끌어내 솥에 삶았고 이슬람 교인들이 금화를 삼켰다는 소문이 돌자 그들의 배를 갈랐다.

1099년 7월 15일, 제1차 원정군은 예루살렘을 함락시켜 기세를 올렸으나 이후 7차례에 걸친 전쟁은 실패로 막을 내린다. 전쟁은 200년간 계속됐다.

기독교와 이슬람의 갈등의 골은 보스니아, 코소보, 체첸 분쟁에서 이스라엘과 팔레스타인의 충돌, 9.11테러와 이라크 전쟁으로 이어진다.

아랍인이 보기엔 구세력의 지원으로 팔레스타인에 이스라엘이 건국된 것은 또 다른 십자군 전쟁이었다.

조지 부시 미국 대통령은 '테러와의 전쟁'을 선언하면서 이를 십자군 또는 성전聖戰을 뜻하는 '크루세이드crusade'로 표현했다.

미국의 이라크 침공은 성전이고, 이에 맞선 이슬람의 '지하드'는 테러리즘인가?

교황 요한 바오로 2세도 십자군 원정의 역사적 과오를 인정한 터이다. 또한 이스라엘과 팔레스타인의 전쟁이 한창인 요즘, 미국 워싱턴의 홀로코스트Holocaust(유대인 대학살) 기념관에는 여전히 많은 유대인이 몰린다.

특히 유대인에겐 기념관을 관람하는 자체가 고문이나 마찬가지다.

숯처럼 타 장작처럼 쌓여진 시체들, 대꼬챙이처럼 말라버린 생존자들, 제2차 세계대전 때 나치가 만든 유대인 강제수용소의 끔찍한 풍경이다.

기념관에는 어른만 보도록 가려 놓은 필름들이 있다. 나치 의사들이 유대인을 생체실험을 하는 장면이다. 격추돼 바다에 빠진 독일군 조종사를 보호할 비행복을 만들기 위해 나치는 유대인을 얼음물에 밀어 넣었다. 조종사의 기압적응 능력을 연구하기 위해 유대인들은 고압실에 들어가야 했다. 코피가 터지고 뇌가 부서지면서 그들은 죽어 갔다.

가스실 모형도 끔직했다. 나치는 온수 목욕을 시켜준다고 속였고, 유대인들은 남녀가 뒤섞여 옷을 벗으면서도 모처럼 웃었다. 곧이어 가스가 퍼지자 그들의 얼굴들이 일그러졌다. 그렇게 6백만 명이 죽어 갔다.

유대인은 그런 지옥을 빠져나와 팔레스타인 사람들이 살던 땅에 이스라엘을 건설했다.

홀로코스트 기념관을 찾은 유대인들은 자신들이나 부모, 조부모 세대가 겪은 과거의 참상에 새삼 치를 떨고 있었다. 그러나 자신들의 쓰라린 경험을 요즘 팔레스타인인들이 겪고 있는 고통과 연결

해 생각하려는 사람은 드물어 보였다.

요즘엔 아랍 쪽에서 아리엘 샤론 이스라엘 총리를 '히틀러'라고 부르며 규탄하고 있다.

증오와 살육의 악순환은 이렇게 무섭게 계속되고 있는 것이다.

이는 특정 종교와 국가 등 특수 집단들의 자기 이기적인 손익계산損益計算으로 수많은 명분하名分下에 자행되고 있는 전쟁으로 역사 이래 무고한 생명들이 희생犧牲되고 있으며, 또한 억울하게 탄압 받고 있는데 그 원인은 일체 중생이 한 생명, 한 뿌리라는 불변의 진리를 망각忘却한 데서 비롯되어지고 있는 것이다.

달마대사의 이입사행론二入四行論

도道에 들어가기 위한 수행修行은 많지만 그 요점要點은 첫째는 이理로, 둘째는 행行으로 들어가는 것이다.

이 이理는 부처님의 가르침을 빌려 종지를 깨닫는 것으로 중생이 진여眞如와 같음을 믿고 덮여있는 번뇌망상煩惱妄想으로는 분명히 알지 못하는 것이니 허망한 길을 버리고 마음을 고요히 하면 나와 남이 없고 범부와 성인이 같으며 한 가지 일에 철저하여 마음을 움직이지 않으므로 다시는 문자文字나 가르침을 따를 필요가 없으니 이것이 이치理致대로 깨달아 분별分別하지 않고 마음이 고요하고 매우 맑은 무위진여無爲眞如가 되므로 이理로 들어가는 것이다.

이와 같이 마음으로 이치理致를 깨달은 후 행行으로 들어간다.

첫째, 보원행은 고통을 받을 때 과거의 업보임을 알고 인욕하는 것인데, "내가 옛날부터 수없는 겁劫 중에 근본을 버리고 변이를 따르느라 모든 미혹(迷惑)의 경계經界를 유랑流浪하면서 무수無數한 원한怨恨과 증오憎惡를 일으켜 잘못되게 하거나 해害친 적이 많아 지금은 비록 바르게 행동한다 하여도 이것은 속세俗世에 지은 죄이며 악한 행行의 열매가 익은 것이지 하늘이나 다른 사람이 주는 것이 아니다."라고 생각하고 참고 받아들여 원망怨望하지도 하소연 하지도 말아야 되는 것이다.

이런 마음이 생길 때 이와 모든 원怨(원한怨恨, 원망怨望)이 상응相應하여 도道로 나아가니 보원행報怨行이라 한다.

둘째, 수연행隨緣行은 좋고 나쁜 인연因緣이 닥치더라도 모두 내가 짓고 받는 것임을 알아 마음에 동요가 없게 하는 것인데 어쩌다 좋은 과보를 얻어 부귀영화를 누린다 하더라도 이것은 내가 과거 세상에서 지은 업의 인연으로 과보를 받아 지금은 누리지만 인연이 다 하면 없어질 것이니 어찌 기뻐할 일이겠느냐 라고 생각하고 얻거나 잃는 것을 인연에 맡겨 두고 마음으로는 더하거나 덜 하는 마음을 없애 좋거나 궂은 바람에 움직이지 않으면 도道에 고요히 따르는 것이므로 수연행隨緣行이라 한다.

셋째, 무소구행無所求行은 밖으로 도를 찾아 헤매이지 않고 본래의 마음에 구족해 있음을 믿고 닦는 것인데, 세상 사람들은 너무 미혹하여 가는 곳마다 탐착하므로 구하는 것이라 한다.

그러니 지혜로운 사람은 진리를 깨달아 속됨과 달리하고 마음을 편안하고 아무 걱정이 없이 하며 형편에 따라 가고 오되 일체만유는 모두 공한 것이고 몸뚱이가 있으면 모두 고통이 따르게 됨을 깨달아 만유에 구하려는 마음을 쉬는 행을 말한다.

즉 생각이 구속되는 것을 멀리하고 무위無爲의 경지에서 실천하는 것이다.

넷째, 칭법행稱法行은 자성청정의 이법理法에 따라 육바라밀을 닦는 것인데 모든 상相은 텅 빈 것으로 물들 것도 없고 집착할 것도 없고, 이것도 없고 저것도 없는 것이라 경에서 말씀하시기를 "법에는 중생이라는 것이 없으니 중생이라는 때가 떨어졌기 때문이고, 법에는 '나'라는 것이 없으니 '나'라는 구垢가 낄 수 없기 때문이다." 하였으니 지혜로운 사람은 이 이치를 믿고 깨닫는다면 응당 칭법행稱法行을 하는 것이다.

법法의 체성體性에는 아끼거나 욕심내는 것이 없으므로 이 몸이나 재물로 보시布施 하더라도 삼륜三輪(베푸는 자·보시물·받는 자)이 공空하여 무엇을 의지하거나 집착하지 말 며, 오직 번뇌를 벗어 버리기 위하여 중생을 섭화攝化하되 상을 취하지 않아 자기를 이익 되게 할 뿐 아니라 남에게도 이익을 주며 능히 보리의 도道를 장엄하는 것이니 보시布施가 이러할진대 나머지 다섯 가지(지계持戒 · 인욕忍辱 · 정진精進 · 선정禪定 · 지혜智慧)도 역시 그러한 것이다.

망상을 없애려고 육도만행六道萬行(육바라밀)을 수행하되 행하는 바가 없으므로 칭법행稱法行이라고 한다.

금생성불 今生成佛

衆生諸佛本平等 중생제불본평등

春風高低盡花開 춘풍고저진화개

"중생과 부처는 본래 하나이므로 차별이 없는 것이고,

봄빛은 높고 낮음에 관계없이 전부 꽃을 피운다."

花欲不擇貧家地 화욕불택빈가지

月照山河到處明 월조산하도처명

"꽃(부처님 마음)은 가난하거나 부자거나 한 집을 택하여 피지 않고,

달빛은 온 산하 전체를 빠짐없이 밝혀준다."

그리고 경허 선사의 게송에 이러한 내용이 있다.

世與靑山何者是 세여청산하자시
春光無處不開花 춘광무처불개화
"세속과 출가 중 어느 것이 좋으냐?
봄볕이 있는 곳에 꽃 피지 않은 곳 없구나."

산중에서 수행하지 않아도 유마거사, 방거사, 부설거사가 될 수 있는 것이니, "春來不似春춘래불사춘, 봄이 와도 나에게는 진짜 봄 같은 봄이 오지 않았다"고 말하지 마라.

깨치고 못 깨침은 처소와 시기에 관계없이 자기하기에 달려 있는 것이다.

옛말에 "彼己丈夫피기장부 我亦已俟아역이사, 네가 장부면 나도 역시 장부다."라는 말이 있다.

우리도 수많은 무심도인無心道人들처럼 성불할 수 있다는 확신을 갖고 수행하면 꼭 이루어지는 것이다.

또한 우리 불교에는 인과因果는 있지만 운명運命은 없다.

옛 게송에

種豆生豆影隨形 종두생두영수형
三時業果如鏡照 삼시업과여경조
自作自受無回避 자작자수무회피

那得怨天更尤人 나득원천갱우인

"콩 심은 데 콩 나고 그림자는 형상을 따른다.

과거 · 현재 · 미래에 지은 인과가 거울에 비추이듯

자신이 지어 그대로 받는 것을 피할 수 없는 것이니

하늘이나 그밖에 누구를 원망하리."

라고 하였으며, 부처님은 또 이렇게 말씀하셨다.

若人欲知前生事 약인욕지전생사

今生受者是 금생수자시

若人欲知來生事 약인욕지래생사

今生作者是 금생작자시

"만약 나의 전생을 알고자 한다면

금생에 나의 전부를 보면 알 수 있고

만약 내생에 나를 알고자 한다면

금생에 내가 짓는 데로 태어나는 것이다."

우리 불자들이 내생이 없는 육도윤회六道輪回, 즉 생사의 굴레에서 벗어나 대자유인이 되려면 금생今生에 깨쳐 성불成佛하는 길밖에 없는 것이다.

영가천도靈駕薦導의 공덕功德

영가란 고통스런 업業이 모여서 사는 곳이다. 그래서 영가가 깨쳐서 이고득락離苦得樂하게 하여 왕생극락을 누리게 하는데 천도의 목적이 있는 것이다.

부처님께서 《열반경》에 "모든 현상계가 다 무상하여 생하고 멸하는 것이니 이 생멸계生滅界를 뛰어넘으면 고요한 세계로 돌아갈지니 이것이 낙이 되느니라." 하시고,

一從違背本心王 일종위배본심왕
畿入三道歷四生 기입삼도역사생
今日洗滌煩惱染 금일세척번뇌염
隨緣依舊自還鄕 수연의구자환향

"한 번 본래 청정한 본심왕을 어김으로부터

몇 번이나 지옥·아귀·축생의 삼도에 드나들며 사생四生(胎·

卵·濕·化)에 들락거렸는가.

오늘날에 번뇌의 때를 씻어버리고 선연善緣을 따라

옛길을 의지하여 스스로 본심의 고향으로 돌아가라."

하셨다.

생멸生滅하는 마음은 혼백魂魄의 정精이니, 혼은 양陽이요 백은 음
陰이다. 혼은 정으로 바람과 불의 기운이요, 백은 바탕으로써 흙과
물의 기운이다.

《원각경圓覺經》 보안보살장에서, "사람의 목숨이 끊어지면 바람
과 불의 기운이 먼저 위로 올라가고, 차고 덩어리진 물과 흙의 기
운은 아래로 내려간다. 그래서 백魄의 바탕은 모두 부정한 것이
다."라고 했다.

사람은 선악善惡의 두 가지 업에 이끌려 육도六道를 오가는데 사
람의 식심識心이 향하는 곳을 따라 바람과 불의 요소가 자연히 달려
가 인체를 떠나 흩어지는 것이다.

옛날에 큰스님 한 분이 어느 한 영가의 사십구재를 마치고, 그
영가의 영식靈識을 관觀하여 보니, 마침 개구리가 교미하고 있는 곳
으로 그 영식이 들어가려고 하여 스님의 법력으로 막고서 그 영가
에게 사유를 물어보니, "내가 그 비춤을 발發하여 보았을 때 그곳

이 아주 아름답고 멋진 고대광실로 보여서 들어가려고 했는데 왜 못들어가게 하느냐." 하더라는 것이다.

이렇듯 마구니의 소행은 아주 간교해서 연화대를 나타내어 맞이하러 오기도 하고, 궁전과 아름다운 누각을 나타내어 천형만태天形萬態로 망자의 영식靈識을 유인하여 악취惡趣에 들게 하는 것이다.

이와 같이 우리가 무명無明에 가려 매昧하면 이렇게 헛비추이게 되고 착각하게 되어 다음 생生을 받게 되니 얼마나 무서운 일이 아니겠는가. 그래서 우리는 참수행을 통하여 망상에서 벗어나 부처를 이루어야 하며, 또한 영가천도가 꼭 필요한 것이다.

우리 중생이나 영가靈駕에게 가장 중요한 것은 모든 애착과 집착의 근본이 되는 '내가 있다' 하는 아상我相에서 벗어나는 것이다.

즉 내 육신은 인연따라 이루어진 허상이므로 나는 없다. '나는 비었다' 는 아공我空과 '일체법 또한 비었다' 는 법공法空의 도리를 깨쳐야만 불도佛道를 이룰 수 있게 되는 것이고, 영가 역시 천도가 될 수 있는 것이다.

또한 중유中有에 있는 영혼들은 천안天眼과 천이天耳에 버금가는 의식을 갖고 있으며, 그 업력業力은 인간계人間界에서는 도저히 상상할 수 없는 힘을 발휘하기 때문에 아무리 먼 곳에 있어도 모두 볼 수 있고, 찰나에 자기가 원하는 곳에 도착할 수 있는 것이다.

석존께서 길을 가시던 중 해골더미를 만나자 절을 하셨다. 같이 가던 제자가 그 이유를 묻자, "무시이래로 무수한 생사生死를 겪으면서 과거에 내 부모父母 아님이 없다."고 하셨다.

따라서 개인의 선망先亡 영가를 천도하는 것은 바로 모든 영가의 천도가 되는 것이고, 모든 생명을 살리게 되는 것이며, 이미 다음의 생을 받아 육도에 윤회하고 있는 중생에게는 근기根機를 높여 주며, 또한 지혜를 밝혀 성불의 씨앗을 심어주는 공덕을 짓게 되는 것이다.

《지장경》에서는 영가천도靈駕薦導의 공덕을 일곱으로 나눌 때 영가는 하나만 갖고 나머지 여섯은 천도재자가 받는다고 하였다. 이는 영가와 천도재자가 하나인 경계를 말씀하신 것이다.

사람이 한 평생 살다가 숨이 떨어지면 이 세상에는 한 줌의 재나 무덤만 남고 존재하지 않게 된다. 그러나 영혼은 죽어서 몸뚱이가 없어졌는데도 죽었다는 관념이 없다.

비유하자면 우리가 잠이 들어 꿈을 꾸면 현실과 똑같이 가족이나 친구들과 희로애락喜怒哀樂하게 되는데, 꿈을 꾸고 있을 당시에는 꿈이라는 관념을 전혀 갖고 있지 않는 것과 같다.

몸만 여의였다는 것뿐이지, 그 영식靈識은 죽었다는 관념이 없고 생시生時와 같은 생각을 가지고 있는 것이다. 그래서 애정·물질·원한·명예 등에 집착하여 거기에 머물러 있게 된다. 영가가 몸을 벗어버리면 의지할 데가 없기 때문에 우주 공간에 생각대로 주住하는 것이다.

영가가 환상에서 깨어나지 못하고 애정과 탐착에 붙잡혀 있으면, 다음 생을 받지 못하고 중음신中陰神이 되어 우주 공간에 몇 백 년을 머물러 있게 된다. 중음신으로 외롭게 떠돌면 영가 자신도 괴롭고, 집안도 편안할 리가 없다.

부처님 법法에 먼저 가신 조상 영가의 천도재를 올려드리고, 사람이 죽으면 사십구재를 올려드리는 이유가 여기 있다.

영가가 염불念佛과 독경讀經 소리, 부처님의 고귀한 진리의 법문을 듣고서 환상에서 깨어나 모든 애착과 집착을 털어버리고 다음 생의 좋은 인연을 찾아 태어나라는 뜻에서 재齋를 올리는 것이다.

재는 공양供養이 근본이다. 삼보전三寶前에 공양을 올리는 그 공덕으로 영가에게 큰 복이 되어 좋은 곳에 태어나게 하는 것이다.

부처님 당시에도 재를 지낼 때 수행하는 스님네를 많이 모시고 대중공양大衆供養을 올린 뜻은 그 가운데 최상승最上乘 또는 대승大乘의 진리를 깨달은 분들이 있어 그분들에게 올리는 공양이 한량없는 복이 되기 때문이다.

그렇기 때문에 영가천도하는 데는 법력이 있는 선지식 스님네의 고준高峻한 법문 한마디가 천도의 묘방妙方이 되는 것이다.

진리를 알지 못하는 이는 아무리 염불을 하고 경을 외워도 자신이 그 심오한 진리를 알지 못하므로 상대의 영가 또한 알아들을 수가 없다. 진리의 세계에 눈이 열린 이만이 한마디 법문을 하고 한마디 독경을 하는 데서 영가가 그 뜻을 마음과 마음으로 바로 받아들여 천도가 되는 것이다.

영가천도문

붉은 해 마침내 서쪽으로 넘어가니 알 수 없네. 영혼은 어느 곳으로 갔는가?

"자, 말해 보시오. 이 덧없는 일(無常之事: 죽음을 말함)은 와도 온 곳이 없고, 가도 간 곳이 없는데 무엇 때문에 보지 못하는가?

온 곳도 없고 가는 곳도 없기 때문에 여래如來라 하는데, 이를 알아보는 사람은 불성佛性이라 하고 모르는 사람은 정혼精魂이라 하고 있소.

그래서 《금강경》에 부처님께서 "如來者 여래자 無所從來 무소종래 亦無所去 역무소거 古名如來 고명여래, 여래란 어디로부터 온 바도 없으며, 또한 가는 바도 없음으로 여래라 이름 하느니라." 하셨소.

정견正見, 즉 바른 견해는 집착하지 않고서 바로 보는 반야바라밀인데, 일체 존재가 바른 눈으로 볼 때는 물질은 허망한 것이고 참생명인 본지풍광本地風光(常住 眞實한 佛의 智慧의 빛)만이 만고에 홀로 빛나고 있는 것이오.

오온五蘊의 뜬구름만이 부질없이 바삐 오가는데 우리는 이것을 죽음이라 하고 있소.

그러나 영가의 한점 신령스런 밝음인 영명은 가도 간 바 없고 와도 온 바 없이 항상 여기 보리자성菩提自性 자리에 상주하고 있으니 영가여 보았는가?

그러므로 석가여래는 왕궁에 강탄降誕하셨으나 도솔천을 떠나지 않으셨고, 쌍림雙林에서 열반하시고도 금관金棺에서 두 발을 내보이셨으며, 달마 대사께서는 열반하신 지 3년 후에 석관에 신발 한 짝 놓아두시고 주장자에 신발 한 짝 메시고 총영마루를 넘어 서촉국으로 기셨으니 이제 이렇게 생과 사가 일여一如한 도리道理를 깨치셨는가?

또한 옛 말씀에

月磨銀漢轉成圓 월마은한전성원
素面舒光照大千 소면서광조대천
連譬山山空捉影 연비산산공착영
孤輪本不落靑天 고륜본불락청천

"은쟁반 같은 둥근 보름달이

그 밝음을 온 천하에 교교히 뿌리는데

어리석은 원숭이는 물에 떨어진 달그림자를 실체인 양 건지

려 애를 쓰고 있구나.

그러나 고고한 둥근 달은 본래로 푸른 하늘 제자리를 벗어나

지 않았도다."

하였다.

　그렇다면 그 자리가 발 내딛지 않고 오르는 자리 바로 극락정토

인데, 영가여 깨쳤는가? 여기에 산승이 일간구—間句를 더하겠으니

오온五蘊의 무상無常함을 다시 한 번 증득하소서.

"수명이 길고 짧음을 차이난다 하지 마라.

참 성품은 여여하여 스스로 소요하며

고금에 청정하여 참으로 미묘하니

무영수無影樹 가지에는 꽃이 지지 않느니라."

　　　　　　　　　　　　　　청운 합장

나를 찾아가는 길

| 한 지붕 · 한 생명 · 한 부처 |

초판 1쇄 인쇄 2010년 11월 08일
초판 1쇄 발행 2010년 11월 16일

지은이 청운 스님
펴낸이 이규만

펴낸곳 불교시대사
등록일자 1991년 3월 20일
등록번호 제300-1991-27호
주소 (우)110-320 서울 종로구 낙원동 58-1 종로오피스텔 1020호
전화 (02)730-2500, 725-2800
팩스 (02)723-5961

ISBN 978-89-8002-123-9 93220